À Jérémie et Anna, qui sont mes enseignants. R. B.
À Anna, ma toute première lectrice, aux remarques si justes. B. C.-P.

Comment survivre à l'école

Illustrations : Jacques Azam

© 2002 Albin Michel Jeunesse
22, rue Huyghens, 75014 Paris — www.albin-michel.fr
Loi 49-956 du 16 juillet 1949 sur les publications destinées à la jeunesse
ISBN : 2 226 12955 3

Roland Beller & Bernadette Costa-Prades

Comment survivre
à l'école

Albin Michel Jeunesse

Sommaire

Avant-propos

L'école, c'est chouette. C'est ton petit monde à toi, un endroit loin des parents, où tu vis des tas d'expériences sympas : les fous rires en classe, les blagues à la cantine, les discussions dans la cour avec les copains et les copines. Ensuite, entre deux récrés, il y a les cours bien sûr. Là, tu apprends des choses que tu ne savais pas avant. Tu es content(e) quand tu as des bonnes notes, content(e) aussi parce que chaque année tu sens que tu deviens un peu plus grand(e) et un peu plus savant(e)...

L'école, c'est dur aussi, parfois. Parce qu'il faut travailler quand tu n'en as pas envie, parce que tu dois supporter des profs qui ne sont pas toujours de bonne humeur, parce que tu risques de te faire embêter par une bande, parce qu'il y a des règles auxquelles il faut se plier... La liste des problèmes est longue ! On les a répertoriés pour toi, et on te donne des conseils pour les surmonter.

On voudrait juste te rappeler trois principes de base avant de te laisser plonger dans le livre...

• Les profs ne sont pas des robots ! Ce sont des êtres humains tout simplement. Ils peuvent avoir leurs petites faiblesses, montre-toi indulgent...

• Les parents sont un peu obnubilés par les notes, c'est vrai. Pour avoir la paix, travaille, tu éviteras de les avoir tout le temps sur le dos...

• Les copains, c'est bien quand tu les choisis et qu'ils te respectent. Ne te laisse pas marcher sur les pieds... et au passage, n'écrase pas ceux des autres !

Je m'ennuie en classe... !

Sais-tu que tu passes environ mille heures par an sur les bancs de l'école ? C'est tout de même bête de bâiller pendant tout ce temps...

Ce n'est pas normal de t'ennuyer en classe. Ça arrive, bien sûr, mais toute la journée, c'est le signe que quelque chose ne va pas. Soit tu comprends tout plus vite que les petits copains,

soit tu as baissé les bras parce que tu n'y arrives plus, soit encore tu as des soucis qui t'encombrent la tête. Dans tous les cas, il faut réagir! Prenons le premier cas: tu es dans une classe où le niveau est moins bon que le tien, et le prof doit expliquer une nouvelle fois la leçon que tu avais comprise du premier coup. Donc tu t'ennuies. Dans le deuxième cas, tu es au contraire complètement dépassé(e): tout va trop vite, le prof enchaîne sur la leçon suivante alors que tu n'as pas encore compris la précédente. Alors, tu es complètement découragé(e) et tu renonces. Mais alors là, on te prévient, tu es sur une pente dangereuse: moins tu écoutes, plus tu es perdu(e), et plus tu accumules un retard que tu vas avoir beaucoup de mal à rattraper. Enfin, troisième cas: tu n'as pas le moral et tu ne t'en rends peut-être même pas compte. En fait, ce n'est pas l'école qui t'ennuie, ce sont toutes les activités: tu n'as plus envie d'aller jouer, de sortir, de voir des copains. Ce que tu aimerais faire dans la journée, c'est dormir et regarder la télé. Il faut absolument en parler à un adulte, parce que tu ne peux pas rester comme ça. C'est trop triste de n'avoir envie de rien, et il y a des moyens d'en sortir.

À toi de jouer !

☺ Si tu as l'impression que la classe marche au ralenti, demande au prof de te confier un exposé, fais des recherches supplémentaires à la bibliothèque, aide un copain qui a des difficultés. Ainsi, tu ne perdras pas ton temps.

☺ Si au contraire tu ne suis plus, la solution n'est pas de mettre la tête dans le sable comme les autruches. Demande à tes parents ou à tes profs de t'aider à construire un programme pour revoir les leçons précédentes ou de reprendre avec toi tes méthodes de travail. Quand une maison n'a pas de fondations, elle ne tient pas debout. C'est pareil pour les connaissances : quand les premières bases manquent, on ne comprend plus la suite...

À toi de jouer ! (suite)

☺ Est-ce que quelqu'un t'a blessé(e) ou t'a fait une remarque que tu as du mal à digérer ? Parfois, il suffit d'une petite phrase méchante pour nous faire tout abandonner. Ne te laisse pas décourager, on peut critiquer ton travail, pas ta personne.

☺ Tu es abattu(e), tu n'as plus d'énergie, ni pour suivre la classe, ni pour le reste ? Parles-en vite à tes parents qui t'emmèneront chez une personne qui pourra t'aider. Tu souffres peut-être d'une sorte de maladie qui s'appelle la dépression et qui pompe toutes tes ressources. Il faut la soigner pour retrouver l'envie d'écouter en classe et l'envie de vivre tout court !

Bonne idée !

LA RÈGLE D'OR
L'ennui n'est jamais de la paresse...

Je suis le chouchou, mais je n'ai rien demandé !

Fais le compte : il y a des profs qui ne t'aiment pas, ça équilibre ! Allez, avoue, c'est peut-être un peu gênant, mais ce n'est pas dramatique...

Franchement, de quoi te plains-tu ? Tu préférerais qu'il te déteste ? Peut-être que tu représentes pour cet enseignant un élève idéal. Ou

encore, tu lui rappelles quelqu'un qu'il aime bien, va savoir... Cela dit, tu n'y es pour rien et ce n'est pas une honte ! C'est parfois désagréable d'avoir un prof qui te couve des yeux, parce que ce n'est pas juste d'avoir un traitement de faveur. Pas plus que de défaveur, d'ailleurs (voir « Il y a un prof qui ne peut pas me voir... »). Mais comme on te l'a déjà dit, les profs sont des êtres humains, ils ont bien le droit d'avoir des petites faiblesses de temps en temps... Et celui-là a un faible pour toi ! On reconnaît volontiers que c'est dérangeant de te faire remarquer de cette façon, parce que les copains peuvent penser que tu fayotes, alors que ce n'est pas du tout le cas !

À toi de jouer !

☺ N'essaie pas de te faire détester en faisant le pitre. Si un adulte t'aime, c'est que tu es aimable. Réjouis-toi !

☺ Ne fais pas non plus des bêtises pour que les autres élèves te « pardonnent » le fait qu'un prof t'aime bien. Si c'est simplement parce que tu travailles, ce n'est quand même pas un défaut !

À toi de jouer ! (suite)

☺ N'en profite pas pour moins tra-vailler sous prétexte que, quoi que tu fasses, ce prof est plein d'indulgence pour toi. Sinon, l'an-née prochaine, tu risques d'avoir une mauvaise surprise...

☺ Attention, si vraiment ce prof en fait trop, s'il n'interroge que toi, s'il demande à te voir en dehors de l'école, il n'est plus dans son rôle. Tu as le droit de t'en plaindre.

LA RÈGLE D'OR

Être aimé par un prof n'est pas obligatoire,
mais ce n'est pas une tare...

J'ai la trouille de parler devant la classe...

Rassure-toi, cela arrive à beaucoup de gens. Et ceux qui t'écoutent sont souvent comme toi...

Toute la classe te regarde et tu es intimidé(e), rien de plus normal ! En fait, tu ne penses plus qu'à l'image que tu donnes et cela devient plus important que ce que tu as à dire. Pourtant, il va

falloir que tu t'entraînes à prendre la parole, parce qu'il est nécessaire de participer, de donner ton avis et de répondre quand on t'interroge. Mais dis-nous, est-ce que tu as vraiment peur de parler devant tout le monde ou crains-tu, au contraire, que l'on ne t'admire pas et que trois ou quatre copains se moquent de toi ? Bon, on ne voudrait pas te décevoir, mais ce que tu as à dire ne va pas changer la face du monde, et même si tu te trompes de résultat, la terre ne s'arrêtera pas de tourner. En donnant ta réponse, tu n'auras peut-être pas une ovation debout, mais tu seras loin d'être aussi mauvais(e) que tu le prévois. Allez courage ! lance-toi ! même si tu dis parfois quelques bêtises, il n'y a pas de quoi en faire un drame...
Mais si tu es littéralement paralysé(e) à l'idée de prendre la parole, parles-en à tes parents. Tu dois être très timide et cela doit te poser d'autres problèmes dans la vie de tous les jours. Il faut reprendre confiance en toi avec l'aide d'un adulte.

À toi de jouer !

☺ Choisis un copain que tu aimes bien et regarde-le dans les yeux. S'il est au fond de la classe c'est encore mieux, tu seras obligé(e) de parler fort et de lever la tête... Parle pour lui, cela t'aidera de faire comme si tu n'avais qu'une seule personne en face de toi.

À toi de jouer ! (suite)

☺ Prends des cours de théâtre, tu t'habitueras à parler devant un public; avec des textes appris par cœur, c'est plus facile.

☺ Pour te remonter le moral avant de prendre la parole, souviens-toi d'une situation où tu t'en es bien sorti(e). Bon, tu vois bien que tu y arrives !

☺ Révise dans ta tête ce que tu vas dire. Ensuite, parle lentement.

☺ Entraîne-toi à parler devant un public « restreint »: ta mère, ton frère, ta grand-mère, ta meilleure copine...

À toi de jouer ! (suite)

☺ Fixe-toi un objectif: lever le doigt au moins une fois dans la journée. Ensuite, accélère le rythme.

☺ Si dans ton école il y en a un, participe au conseil de classe. C'est une bonne manière de t'habituer à prendre la parole pour parler de la vie de l'école.

☺ Si tu devenais délégué(e)? Tu apprendrais à écouter... et à te faire entendre!

Bonne idée !

LA RÈGLE D'OR
Au théâtre, on dit qu'il n'y a que les mauvais comédiens qui n'ont jamais le trac...

Je n'arrive pas à me mettre à mes devoirs... !!

Bon, eh bien, cela prouve que tu essaies quand même, et que ça t'embête de ne pas y arriver. Un bon point pour toi !

Chaque soir, c'est le même scénario : tu poses ton sac, et puis tu allumes la télé, et puis tu te fais une tartine, et puis tu passes un coup de fil à

ton copain, et puis ta sœur entre dans ta chambre pour te prendre des feuilles, et puis... Et voilà, c'est déjà l'heure de passer à table et tu n'as rien fait! Qu'est-ce qui se passe dans ta tête? En fait, c'est très simple: tu as un bon génie qui te murmure à l'oreille de t'y mettre, et un mauvais qui te pousse vers la télé. Et dans ce dur combat, il faut bien reconnaître que c'est souvent la télé qui gagne! Pourquoi? Parce qu'elle te donne un plaisir facile et rapide, alors que t'attaquer à tes devoirs te demande un effort. En fait, dans la vie, il existe deux sortes de plaisirs: ceux qui sont immédiats, et ceux qui demandent du temps mais qui sont plus forts et plus durables. Bon, on t'accorde que le mot « devoir » n'est pas terrible, il sonne comme une obligation. Mais entre nous, une fois que tu arrives à t'y mettre, tu n'es pas content(e) de toi? On récapitule le programme des satisfactions: un, c'est un vrai plaisir d'apprendre des choses nouvelles et de comprendre tout à coup un truc qu'on n'avait pas pigé. Deux, c'est beaucoup plus sympa de se sentir prêt(e) pour le lendemain plutôt que de se coucher la peur au ventre à l'idée d'être interrogé(e). Trois, tu vas en plus récolter de bonnes notes. Quatre, tu ne te plaindras plus d'avoir toujours tes parents sur le dos! Rien que du bonheur, ça vaut le coup de faire un petit effort, non?

À toi de jouer !

☺ Ne te précipite pas sur tes devoirs dès que tu arrives, ils ne vont pas s'envoler ! Peut-être que tu commences à t'y mettre tout de suite. Ça, c'est très mauvais. Accorde-toi toujours une vraie pause en rentrant de l'école, pour jouer un peu, goûter, une demi-heure par exemple. Fixe-toi toujours la même heure pour commencer à travailler, et installe-toi tous les soirs au même endroit. Sais-tu qu'on a fait des enquêtes montrant que les gens apprennent mieux quand ils sont dans un cadre qui ne change pas d'un jour à l'autre ?

☺ Écris sur un Post-it chaque devoir ou leçon à faire, et quand tu en as terminé un, jette le Post-it. Un pur moment de bonheur...

☺ Avant de commencer, planifie le temps de tes devoirs : dix minutes pour les maths, dix minutes pour la géo... Une façon de baliser ton chemin.

☺ La musique ou la radio à fond, ce n'est pas terrible pour te concentrer pendant que tu travailles. Essaie sans elles, pour voir...

À toi de jouer ! (suite)

☺ Range ton bureau avant de t'y mettre. Un endroit en désordre n'incite pas à travailler...

☺ Peut-être n'aimes-tu pas trop te retrouver tout(e) seul(e) devant ton bureau et tes livres ? Si c'est le cas, il faut que tu développes en douceur ta capacité à être seul(e), en commençant par rester dans ta chambre pour des activités autres que les devoirs, comme jouer à ta game boy ou lire ton magazine préféré.

À toi de jouer ! (suite)

☺ Tu es entouré(e) de frères et sœurs plus jeunes qui n'ont pas de devoirs et font du bruit ? Demande à tes parents de t'installer un coin à toi, même petit. On doit respecter ton temps de travail. Tu peux aussi rester quelquefois en étude.

À toi de jouer ! (suite)

☺ Les grands écrivains aussi ont du mal à s'y mettre et ils connaissent tous l'angoisse de la page blanche. Ils se font un café, posent un verre d'eau devant eux, rangent leur bureau... Bref, la plupart d'entre eux ont des petits rituels qu'ils accomplissent avant de commencer à travailler. À toi de trouver les tiens.

SUIVEZ LE GUIDE

LA RÈGLE D'OR

Faire la première enjambée, c'est avoir déjà parcouru la moitié de la course !

On me traite d'intello...

**C'est dommage que tu prennes
cette appellation pour une insulte.
C'est sans doute parce que tu ne sais pas
d'où vient ce joli mot...**

« Intello », c'est une abréviation du mot « intellectuel ». On appelait ainsi, au début du 20ᵉ siècle, des personnes qui se sont servies de leur plume pour combattre le racisme et l'anti-

intello

sémitisme, comme l'écrivain Émile Zola. Alors, tu vois, tu n'as pas à avoir honte ! Mais dans la cour de récré, ce mot signifie plutôt « premier (ou première) de la classe », la tête toute la journée dans les livres. Forcément, ça en énerve quelques-uns, surtout ceux qui ne travaillent pas et ont de mauvais résultats. Ils te trouvent ennuyeux(euse), pas drôle, et peut-être aussi sont-ils un peu jaloux de toi... Alors là, on voudrait bien s'arrêter sur ce point : est-ce que c'est un crime de travailler à l'école ? Savoir se servir de sa tête, c'est plutôt bien, tu ne trouves pas ? C'est tout de même idiot de penser que le fait de réfléchir et de travailler en classe est considéré comme un défaut. Aussi idiot que de reprocher à un footballeur de taper dans un ballon sur un stade. Tu te verrais faire honte à Zidane en le traitant de « sportif » ? Mais attention, peut-être as-tu, sans t'en rendre compte, une attitude qui énerve les copains. Si tu prends les élèves de ta classe de haut parce que tu sais mieux tes leçons que tout le monde, si tu adoptes des airs supérieurs, les autres vont se défendre en t'attaquant. Normal, car c'est très désagréable de discuter avec des gens qui sont toujours sûrs d'avoir raison !

À toi de jouer !

😊 Continue à nourrir ta curiosité et ton intelligence, c'est passionnant d'apprendre de nouvelles choses. Ce que tu prends aujourd'hui pour une insulte deviendra un grand compliment d'ici à quelques années...

😊 Réponds gentiment à celui qui te traite d'intello que tu en es fier. Et si tu sens qu'il est prêt à t'écouter, tu peux lui expliquer d'où vient le mot.

😊 Montre-lui que ce n'est pas parce qu'on aime lire qu'on ne sait pas rigoler avec les copains, ni se moquer de soi-même de temps en temps...

😊 Laisse un peu la place aux autres en classe, même quand tu connais la réponse. Rien de plus agaçant pour eux que d'entendre toujours les mêmes dire « M'sieur, m'sieur, moi j'sais ! »

😊 Aide les copains si tu as beaucoup de facilités, tu y gagneras en amitié.

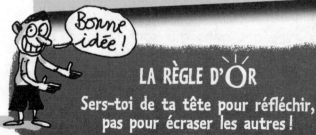

Bonne idée !

LA RÈGLE D'OR
Sers-toi de ta tête pour réfléchir, pas pour écraser les autres !

J'ai trafiqué mon carnet de notes...

**Ah, transformer un petit 4 en un beau 14,
qui n'y a jamais pensé?
Le problème, c'est que toi, tu l'as fait...**

En changeant tes notes en cachette, tu penses donner une bonne image aux autres. Mais l'ennui, c'est que tu vas finir par avoir une mauvaise image de toi, celle d'un(e) tricheur (euse) et d'un(e) menteur(euse). Parce que tu sais, toi, que tu n'as pas eu 14... Tu as transformé

un échec, ce qui n'est pas grave et arrive à tout le monde, en une bêtise beaucoup plus grave. On a le droit d'avoir une mauvaise note, mais trafiquer son carnet, c'est autre chose, c'est un délit. Pourquoi l'as-tu récoltée, d'ailleurs, cette note ? Si tu n'as pas appris ta leçon, avoue que c'est normal. L'école, c'est comme le sport, il y a des règles, et quand on franchit la ligne, on est pénalisé. En plus, tu risques beaucoup plus gros en trafiquant ton carnet qu'en ayant un o, ce n'est donc pas très malin. Mais si tu es abonné(e) aux mauvais résultats, alors là, c'est doublement idiot ! D'abord, parce que, au lieu d'alerter sur tes difficultés, tu les maquilles et tu empêches qu'on t'aide. Ensuite, parce que tôt ou tard cela va finir par paraître drôlement curieux, toutes ces bonnes notes, et tes parents vont se poser des questions ! Enfin, dans tous les cas, quand ils auront découvert ce que tu as fait, ils seront déçus et tu risques de perdre leur confiance. Or, c'est drôlement précieux, la confiance des parents. Imagine ta tête si à chaque fois que tu ramènes une bonne note ils la regardent avec l'air de ne pas vraiment y croire. Franchement, c'est trop d'inconvénients pour un résultat nul !

À toi de jouer !

☺ Prends ton courage à deux mains, et annonce à tes parents ce que tu as fait avant qu'ils ne le découvrent. Même s'ils te grondent, ils seront dans le fond fiers de ton attitude, ce qui rattrapera un peu ton petit trafic.

☺ Falsifier son carnet, c'est reculer pour ne pas mieux sauter : c'est bien d'être responsable de ce qu'on a fait. Si tu as une mauvaise note parce que tu n'as pas travaillé, c'est normal de te faire engueuler. C'est le contraire qui serait bizarre...

☺ Peut-être as-tu caché tes notes pour éviter un drame à la maison ? Attention, si dès que tu as une mauvaise note tu reçois des coups, il y a quelque chose qui ne va pas entre tes parents et toi. Il faut que tu en parles à l'école ou à un adulte en qui tu as confiance. Les parents sont là pour aider leurs enfants à grandir, pas pour les taper quand ils ont des difficultés.

SUIVEZ LE GUIDE →

LA RÈGLE D'OR
Préfère une mauvaise note à une mauvaise image de toi...

Je suis nul(le) ! !!

Ouh ! là, là ! tu n'as rien de plus fort ?
C'est toi qui le dis ou c'est une grande
personne qui a fini par t'en persuader ?
Ne la crois pas !

L'ennui, c'est qu'en disant que tu es nul(le), tu
t'empêches de cultiver ton jardin, c'est-à-dire
de travailler. Tu te mets dans une position très
pénible, mais qui va te permettre de baisser les
bras, de ne pas faire d'efforts, puisque de toutes

mais qu'est-ce que tu es nul, mon pauvre petit !!

les façons « tu es nul(le) ». Attention, tu prends le risque de le devenir vraiment ! Et puis, tu vas te rendre très malheureux(euse), parce que ce n'est pas drôle du tout de s'insulter soi-même. Peut-être que tu as choisi le refus parce que tu te déçois ? Tu aurais aimé(e) être parfait(e), et tu découvres que tu n'es pas aussi excellent(e) que tu le voudrais. Tu voulais être Superman ou Wonderwoman et manque de pot, comme la baguette magique n'a pas marché, tu l'as jetée... C'est le rêve des tout-petits de penser qu'ils sont des héros invincibles. Hou, hou, tu as grandi aujourd'hui, il faut te réveiller ! Tu as sûrement des talents dans certaines matières et moins dans d'autres. C'est la vie et c'est le lot de tout le monde. Si une personne de ton entourage te traite de nul(le), on te rassure, ce n'est pas parce qu'elle le dit que c'est la vérité. Est-ce que cela vient d'un prof agacé par tes échecs à répétition ou ton attitude ? Dans ce cas, il a tort. Personne n'a le droit de te traiter de nul(le). Éventuellement, on peut te traiter de paresseux(euse)... Est-ce que ce n'est pas toi qui fait le gros dos en acceptant de te laisser enfermer dans cette case ? Elle a quelques avantages, cette case, dont celui de ne plus rien faire...

À toi de jouer !

☺ Tu as des tas de capacités à développer, fonce ! Il n'y a aucune raison pour que tu n'y arrives pas.

☺ Demande de l'aide pour t'organiser, être plus attentif(ive)... On peut apprendre à apprendre.

☺ Ne te décourage pas si, après tes premiers efforts, les résultats ne viennent pas tout de suite. Prends patience...

À toi de jouer ! (suite)

☺ Débrouille-toi déjà pour devenir « moyen », la vie sera beaucoup plus agréable. Et tu seras plus près de la place du (de la) meilleur(e) !

Bonne idée !

LA RÈGLE D'OR
Ne t'insulte jamais toi-même...

Ma petite sœur me colle à la récré...

À ton avis, pourquoi elle te colle? Parce qu'elle est perdue et qu'elle ne connaît personne. Aide-la plutôt que de la rejeter...

Imagine-toi dans la même situation. Tu arrives dans une école où personne ne te parle, où tu es complètement seul(e). Et soudain, tu croises le regard de quelqu'un que tu connais et que tu aimes bien. Qu'est-ce que tu fais? Tu vas vers lui, et tu espères bien qu'il va te tendre la main.

En se rapprochant de toi, ta petite sœur te mani-feste son affection, alors ne la rejette pas pour faire le malin devant les copains. Tu penses peut-être que ton attitude va te rapporter du succès ? Pas sûr, et même si c'est le cas, ce sera une victoire pas très jolie. Tu es l'aîné(e), c'est une position qui te donne des avantages mais aussi des devoirs, dont celui de protéger ta petite sœur. En plus, tu la blesseras beaucoup car elle ne peut compter que sur toi à ce moment. Est-ce que cela vaut vraiment le coup ? Elle te fait confiance, ne la trahis pas en la repoussant. D'ailleurs, ne t'inquiète pas, cela ne va pas durer, elle va bientôt se faire des copains, et elle te laissera avec les tiens. Mais elle te sera longtemps reconnaissante de ne pas l'avoir laissé tomber...

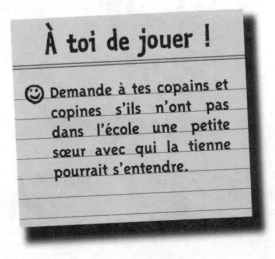

À toi de jouer !

☺ Demande à tes copains et copines s'ils n'ont pas dans l'école une petite sœur avec qui la tienne pourrait s'entendre.

À toi de jouer ! (suite)

☺ Valorise-toi par ta gentillesse plutôt que par la crânerie. Tu seras fier(ère) de toi... et tes parents aussi.

À toi de jouer ! (suite)

☺ Pense enfin qu'à la maison tu seras bien content(e) de jouer avec elle ou de trouver son soutien pour faire face aux parents...

SUIVEZ LE GUIDE

LA RÈGLE D'OR

On sort toujours grandi(e) quand on se montre généreux(se)...

Il y a un prof qui ne peut pas me voir...

Est-ce que tu es sûr(e) que tu ne te fais pas des idées ? Est-ce que ce n'est pas toi qui ne peux pas le voir ? Réfléchis...

Si tu chahutes à tous les cours d'un prof, il ne faut pas t'étonner qu'il ne te porte pas dans son cœur. Mets-toi à sa place : aimerais-tu qu'on ne t'écoute pas quand tu parles ou qu'on fasse du bruit pour ne pas t'entendre ? Avoue que c'est assez désagréable... Souvent, on s'enferme dans une spirale : le prof t'en veut parce que tu ne

travailles pas ou que tu chahutes, toi tu lui en veux de t'en vouloir... Cela dit, le prof est comme toi, il a ses têtes, et visiblement tu n'en fais pas partie. Travaille et ne te préoccupe pas trop de savoir s'il t'a à la bonne. D'ailleurs, un prof n'a pas à t'aimer ou à ne pas t'aimer, il n'est pas là pour ça. Son rôle est de t'enseigner des choses que tu ne sais pas. L'affection est parfois un plus, mais c'est loin d'être indispensable. La seule règle, c'est qu'il doit se montrer juste avec toi.

À toi de jouer !

😊 Va le voir à la fin du cours pour lui demander ce qui se passe, même si c'est un peu difficile pour toi. Ce petit geste de ta part va peut-être permettre de décrisper la situation.

😊 N'en profite pas pour ne rien faire dans la matière et lui offrir une raison de plus pour te rejeter.

Bonne idée !

LA RÈGLE D'OR
Donne-lui tort en devenant le (la) meilleur(e) !

J'ai pas envie d'aller en sport... ‼

Qu'est-ce qui ne te plaît pas dans le sport, le fait de courir ou celui de devoir te mettre en short devant tout le monde ?

Chaque mardi, c'est pareil la seule idée d'aller en sport te fatigue, tu préférerais encore faire des maths ou du français pendant trois heures d'affilée, c'est dire...

Quand on n'aime pas le sport, c'est parfois qu'on a un peu de difficulté à accepter son corps. Tu te trouves sans doute trop petit(e), trop gros(se), trop maigre... bref, tu n'es pas comme tu rêverais d'être ! Tu es une fille ? Souvent, à ton âge, on est un peu dodue ou alors on a les seins qui commencent à pousser et on trouve que c'est la honte, surtout quand

les garçons rigolent et se poussent du coude.
C'est normal de ne pas te sentir toujours à l'aise,
parce qu'en ce moment ton corps change, tu es
en train de devenir une femme. Et comme celui
des garçons se métamorphose moins vite, ils
sont un peu jaloux et bêtes... Et puis, quand
tu te compares à Lucie qui court le cent mètres
sans être essoufflée, tu trouves qu'à côté tu
ressembles à un hippopotame ! Le problème,
c'est que moins tu bouges plus tu es empotée,
et plus tu es empotée moins tu as envie de
bouger ! Tu es un garçon ? Peut-être te
trouves-tu un peu gringalet ? Alors, enlever
ton tee-shirt devant cette baraque de Benjamin
te donne envie de disparaître dans un trou de
souris ! Et puis, toi, tu te verrais bien courir et
sauter, mais tu sens bien qu'il faut être le premier pour avoir la considération des autres. C'est
agaçant, cet esprit de compétition qu'il y a
aujourd'hui dans le sport. Parce qu'on peut
très bien s'amuser et se défouler sans être cham-
pion du monde ! Enfin, peut-être qu'il y en a
quelques-uns qui profitent du sport pour régler
des comptes, et les bagarres, ce n'est pas vraiment ton truc.

À toi de jouer !

☺ Inscris-toi dans un club de sport en dehors des cours de l'école. Tu pourras essayer des tas d'activités sportives, tu vas sûrement en trouver une qui te plaira. Allez, il n'y a que la première course qui coûte !

☺ Ce n'est pas normal de se laisser terroriser par les autres. Parles-en au prof de sport pour qu'il intervienne. Il ne fait rien ? Débrouille-toi pour ne pas te retrouver tout(e) seul(e) dans les vestiaires ou dans un coin du stade.

☺ Tu préfères bouquiner que courir ? C'est ton droit, mais la gym à l'école est une matière obligatoire. Tu te verrais demander une dispense pour ne pas aller en maths parce que les calculs te donnent mal à la tête ?

SUIVEZ LE GUIDE →

LA RÈGLE D'OR
Ce serait dommage d'avoir un cerveau qui marche sur des pattes maladroites !

J'ai séché l'école...

**Sais-tu que tu t'es mis(e) hors la loi ?
En France, l'école est obligatoire jusqu'à l'âge
de 16 ans. En séchant, non seulement
tu es en infraction, mais en plus tu mets l'école
et tes parents dans le même bain...**

Si jamais il t'arrive quelque chose pendant que
tu n'es pas en cours alors que tu devrais y être,
l'école sera responsable. Tes parents aussi ris-
quent des ennuis car ils ont l'obligation de
t'envoyer en classe. Tu vois, ce que tu pensais
être une petite désobéissance qui ne regardait

que toi est en fait une sérieuse bêtise qui engage plein de monde. S'ils se rendent compte de ton absence, les adultes vont être complètement paniqués, s'imaginer, pas forcément à tort, que tu es en danger. Et puis, en traînant dans la rue, tu prends le risque de revenir chez toi entre deux gendarmes, car tu n'as pas le droit d'être au-dehors à l'heure de l'école. Ce n'est donc pas une petite affaire ! Pourquoi as-tu séché ? C'est vraiment la première question que tu dois te poser. Tu pensais éviter d'être interrogé(e) ou de passer un contrôle ? Ce n'est pas très malin parce que tu auras zéro et que ça va tout de suite se voir. C'est rare qu'on ne s'aperçoive pas de ton absence. Et tu vas alors te faire renvoyer quelques jours. Imagine la tête de tes parents ! Mais peut-être as-tu séché parce que tu n'arrivais pas à dire quelque chose de grave. Est-ce que quelqu'un te fait peur à l'école ? Est-ce qu'il y a des problèmes chez toi que tu n'arrives pas à surmonter ? Peut-être aussi y a t-il une personne que tu aimes bien dans ta famille qui a perdu son emploi et qui en souffre beaucoup. Et pour toi, être seul(e) à se lever le matin pour aller travailler, ce n'est pas marrant...

À toi de jouer !

☺ Ne fais pas trop peur aux adultes, trouve un autre moyen pour attirer l'attention sur toi.

☺ Ne recommence pas, c'est vraiment un acte trop grave. L'école est obligatoire.

☺ Si tu as des soucis dans ta famille, ou si tu es terrorisé(e) par un élève, il faut absolument en parler autour de toi, à quelqu'un en qui tu as confiance. Cela ne sert à rien de te mettre toi-même en danger.

☺ Le chômage des parents, c'est un problème difficile et douloureux. Pour leur montrer ta solidarité, continue à faire ce que tu as à faire plutôt que de te mettre en grève. Cela leur fera un souci de moins.

Bonne idée !

LA RÈGLE D'OR
Les choses obligatoires sont faites pour protéger les gens, pas pour les embêter.

J'ai continuellement mes parents sur le dos ! !!!

Chaque soir, c'est le même refrain.
Tu n'as pas plutôt posé ton sac dans l'entrée
qu'ils commencent : « T'as du travail ? »
« Montre-moi ton agenda. »
C'est assez pénible, en effet...

Tu le sais, les parents sont de grands inquiets. Ils aimeraient que tu travailles bien en classe pour réussir plus tard dans la vie. Cela part donc d'un bon sentiment. Et tu ferais sans doute la tête s'ils ne te demandaient jamais rien sur ton travail !

Mais là, visiblement, ils en font un peu trop. Remarque, si tu ramènes des carnets de notes catastrophiques, il ne faut pas t'étonner ni te plaindre de les avoir tout le temps sur le dos. Mais si tu réussis, alors là, ce n'est pas normal, il va falloir que tu les éduques un peu pour qu'ils te laissent faire tes devoirs tout(e) seul(e). Tu es responsable devant eux de tes notes, pas de la façon dont tu travailles pour les obtenir. Après tout, si elle te convient, pourquoi pas ?

À toi de jouer !

☺ Fais le point : est-ce que tu te sens capable de travailler sans l'aide de tes parents ? Oui ? Alors propose-leur un contrat en bonne et due forme sur lequel tu écriras : « Je soussigné(e), Antoine ou Laure, m'engage à faire mes devoirs tous les soirs pendant un mois. » Signe, fais signer tes parents et accroche-le dans ta chambre pour ne pas l'oublier. Au bout d'un mois, si tu as de meilleures notes qu'avant, tu leur auras prouvé que tu es devenu(e) responsable et qu'ils peuvent te faire confiance.

À toi de jouer ! (suite)

☺ **Explique (gentiment) à tes parents que tu travailles pour toi. L'école, c'est ton domaine. Cela n'a aucun intérêt de ramener un 10 obtenu par ta mère. Mieux vaut un 5 gagné tout seul ! D'ailleurs, glisse dans la conversation que les profs insistent pour que vous travailliez de plus en plus sans aide pour devenir autonomes...**

☺ **Demande-leur de temps en temps de t'aider, tu leur feras plaisir. Les parents aiment bien sentir par moments que tu as besoin d'eux. D'ailleurs, ce n'est pas faux, non ?**

À toi de jouer ! (suite)

☺ Parle-leur plus souvent de l'école. Ils adorent connaître les petits potins de la cour de récré ! Plus ils sont au courant de ce que tu fais, plus ils sont rassurés, et moins ils sont embêtants. C'est mathématique !

À toi de jouer ! (suite)

☺ Prends-les de vitesse : montre-leur tes devoirs avant qu'ils te les demandent !

SUIVEZ LE GUIDE →

LA RÈGLE D'OR

Travaille, tes parents te laisseront tranquille...

J'ai peur d'un prof...

**Les profs sont là pour t'apprendre des choses,
pas pour te terroriser !
Tu dois les respecter,
avoir de l'estime pour eux si possible,
et eux doivent te respecter en retour.**

Si ce n'est pas le cas, s'ils se montrent très désagréables, reporte-toi à « Il y a un prof qui ne peut pas me voir... » et « J'ai été humilié(e) par un prof... ». Mais voyons voir, réfléchis à ce qui te fait peur : est-ce que tu ne confonds pas le

prof avec la matière ? Parfois, tu meurs simplement de trouille à l'idée d'être interrogé(e) parce que tu n'es pas très bon(ne)... Il ne faut pas confondre anglais et prof d'anglais. Cela dit, certains adultes sont très impressionnants. Au collège, ils vouvoient les élèves, et tu n'en as pas l'habitude. Tu trouves un prof un peu froid et distant ? Les enseignants ne sont pas des copains, l'important c'est la qualité de leurs cours. Ce que tu appelles de la peur est sans doute de l'intimidation. Alors là, c'est très bon signe, c'est sûrement un prof que tu vas finir par adorer, car les gens intimidants sont souvent les plus intéressants ! Il est passionné par son sujet et il va tout faire pour que tu progresses. S'il est un peu sévère, c'est justement parce qu'il est exigeant. Sois certain(e) que c'est un prof dont tu vas te souvenir toute ta vie ! D'ailleurs, quand les profs ne se font pas respecter, tu es le (la) premier(ère) à t'en plaindre. Ces enseignants-là ne font peur à personne, toute la classe rigole dans leur dos, envoie des boulettes... Franchement, c'est bien pire que celui qui sait se faire écouter, non ? Enfin, tu as peut-être affaire à un prof qui a peur de sa classe, ça arrive. Il en a assez du chahut de l'année passée et aboie avant d'être mordu... C'est dommage pour toi, mais tu n'y peux rien. La seule chose à faire : le rassurer. Pas besoin qu'il crie autant pour que vous l'écoutiez !

À toi de jouer !

☺ Ouvre grand tes deux oreilles. Si tu as un prof passionnant, c'est le moment d'en profiter.

☺ Peut-être as-tu peur de ne pas être à la hauteur de ce qu'il demande ? Si tu fais un effort supplémentaire, tu auras beaucoup de plaisir à avoir de bonnes notes. Et quand il te félicitera, tu seras vraiment fier(ère), parce que c'est rare et donc précieux !

☺ Méfie-toi des rumeurs. La peur d'un prof est aussi contagieuse que la grippe. Tu as peut-être entendu les alertes de ton frère, de ta sœur ou des copains : « Ouh ! là, là ! tu as monsieur Machin ? Je te plains, il est épouvantable ! » Fais-toi ton opinion tout(e) seul(e)...

☺ Peut-être tes parents pourraient-ils le rencontrer ? Parfois le prof ne se rend pas compte à quel point il terrifie les élèves.

Bonne idée !

LA RÈGLE D'OR
Ne confonds pas prof exigeant et prof terrifiant.

J'ai peur de passer en sixième... !

(car je me peur)

**C'est normal, c'est nouveau.
Et l'on a souvent peur de ce que
l'on ne connaît pas. Pas de panique !
C'est aussi le début d'une grande aventure...**

Entrer au collège, c'est passer un cap. Tu débarques sur une autre planète, sans trop savoir ce que tu vas y trouver ! On raconte tellement d'histoires sur le collège qu'il y a de quoi avoir un peu

peur. Mais il ne faut pas exagérer tout de même, neuf fois sur dix cela se passe plutôt bien. Tout d'abord, on te rappelle que tu as déjà vécu de nombreux passages avec succès. Tu te souviens quand tu es entré(e) à l'école primaire, ce hall avec ces portemanteaux trop hauts pour toi, toutes ces têtes inconnues ? L'horreur intégrale ! Et en quelques jours, tu étais comme un poisson dans l'eau. Au collège, tout va être encore nouveau, et il va falloir t'adapter. Au début, c'est sûr, tu vas être un peu chagriné(e) d'être si petit(e) dans un monde de géants, alors qu'en primaire c'est toi qui étais le (la) plus grand(e) ! Ce qui est sympa, c'est que tu seras moins enca- dré(e). Cela va te faire un peu peur au début, surtout si ça panique aussi tes parents, mais tu vas être beaucoup plus libre et ce n'est pas si mal... Au programme des grands changements ? Tu auras plusieurs professeurs au lieu d'une seule maîtresse. Avantage : quand elle n'était pas sympa, l'année était drôlement longue ! Inconvénient : il faudra que tu t'adaptes aux petites manies de chacun, mais sur le nombre il y en aura forcément quelques-uns qui te plai- ront ! Au début, tu vas te sentir un peu perdu(e) dans ces couloirs interminables et toutes ces salles de classe où il faut se rendre en cinq minutes top chrono. Là encore, patience, dès la deuxième semaine, tu te repèreras dans les lieux comme si tu étais là depuis des mois !

À toi de jouer !

☺ Ne reste pas dans ton coin : le collège, c'est l'occasion de te faire de nouveaux copains et copines.

☺ Rassure tes parents, ils ont parfois un peu de mal à te voir grandir, c'est pour cela qu'ils s'inquiètent pour toi. Mais tu n'es plus un bébé, montre-leur !

☺ Reproduis sur une grande feuille le plan du collège (place du CDI, cantine...). Les premiers jours, n'hésite pas à demander ton chemin, et repère les redoublants : ils connaissent les lieux !

☺ Écris ton emploi du temps, avec le numéro des salles de classe, et choisis un code couleur par matière. Ensuite réduis cette feuille à la photocopie couleur, colle-la sur un carton rigide, et plastifie le tout. Ce sera plus maniable que d'ouvrir ton agenda entre chaque cours, tu gagneras du temps et tu te sentiras moins perdu(e) !

SUIVEZ LE GUIDE

LA RÈGLE D'OR
Chaque fois que tu passes un cap,
tu en sors grandi(e).

J'ai des mauvaises notes, et pourtant je travaille... ?!

Si tu travailles vraiment, ne panique pas, tes notes vont suivre...

Bien sûr, si tu as commencé à t'y mettre il y a deux jours, rien d'étonnant, tu ne peux pas avoir déjà des résultats. Sois patient(e) et continue tes efforts. Mais peut-être crois-tu seulement que tu travailles ? Tu te mens un peu à toi-même et tu finis par te persuader que c'est vrai. Allez, sois franc, est-ce que tu travailles vraiment ? Oui ? Alors, c'est que tu ne sais pas t'organiser ! Tu passes par exemple beaucoup de

temps devant ton bureau en rêvassant un crayon dans la bouche, sans faire avancer d'un pouce tes devoirs... Peut-être as-tu également pris l'habitude de te contenter de survoler les leçons ? On a souvent de mauvaises surprises en passant du primaire au collège. Jusque-là, il te suffisait de lire une fois ta page et tu t'en sortais, mais maintenant cela devient beaucoup plus dur ! Ou alors, tu sens une telle pression sur toi que tu te décourages, tu as peur de rater au moment de passer au tableau ou de réciter. Ton savoir est comme un tas de sable qui s'effondre à la moindre difficulté...

À toi de jouer !

☺ On peut apprendre à apprendre. Commence par te poser cette question : pour retenir une leçon, préfères-tu l'écrire, l'entendre ou la réciter en marchant de long en large ? Chacun a sa méthode, à toi de trouver la tienne. Si tu es plutôt du type « visuel », mets ta leçon en fiche, surligne les passages importants. Si tu es « auditif », enregistre-toi, réécoute la cassette, puis récite à voix haute. Enfin, si tu es ce que l'on appelle « kinesthésique », inutile de rester assis(e) : sers-toi de ton corps pour faire marcher ta tête en mimant ta leçon, en la jouant, comme si tu t'adressais à une classe.

À toi de jouer ! (suite)

☺ Demande à tes parents (ou à ton frère, ta sœur) de jouer à l'élève et explique-leur le cours. Une très bonne méthode pour te rendre compte de ce que tu as compris ou pas.

☺ Prends rendez-vous avec tes profs pour savoir ce qui ne va pas. Fais le point avec eux. Peut-être que tes parents voudront bien te faire aider par un étudiant une fois par semaine ? Attention que cela ne t'empêche pas de travailler ! Ne te repose pas sur cette heure de cours, ce n'est pas magique. Comme toutes les béquilles, tu dois t'en servir en gardant en tête l'idée de les abandonner dès que tu auras progressé.

À toi de jouer ! (suite)

☺ Trouve un copain qui travaille bien et faites vos devoirs ensemble : tu verras comment il s'y prend et cela te donnera le courage de t'y mettre. En plus, il pourra t'expliquer ce que tu n'as pas compris.

À toi de jouer ! (suite)

☺ Pour faire tes devoirs, ferme la porte de ta chambre pour ne pas être distrait(e) ou dérangé(e). On ne peut pas se boucher les oreilles mais on peut s'absenter de l'intérieur... Si ça ne marche pas, demande à un adulte de t'aider à t'organiser et reporte-toi à « Je n'arrive pas à me mettre à mes devoirs... ». Peut-être peux-tu demander de rester à l'étude ?

☺ Sais-tu ce que tu veux faire plus tard ? C'est plus motivant de travailler pour devenir vétérinaire ou cosmonaute que pour avoir uniquement des bonnes notes...

☺ Range bien ton bureau : travailler avec des crayons bien taillés, sur des cahiers propres, te donnera du cœur à l'ouvrage !

Bonne idée !

LA RÈGLE D'OR

Avec du temps et beaucoup de concentration, tes notes vont s'améliorer.

J'ai été humilié(e) par un prof... !!

En es-tu sûr(e) ? Si c'est vraiment le cas, c'est dur et inadmissible.
Personne n'a le droit de t'humilier.

Faisons le point. Si ton prof t'a juste dit de te taire alors que ce n'était pas toi qui parlais, il s'est simplement trompé, il ne t'a pas humilié(e). Ne sois pas trop susceptible. Il t'a fait une remarque dure mais justifiée sur ton devoir ? Bon, ce n'est pas très agréable mais, là encore, on ne peut pas parler d'humiliation. En général, les profs aiment bien les élèves et ne sont pas là pour les enfoncer. Mais si tu sens que ça lui a fait plaisir de te ridiculiser devant toute la classe, qu'il t'a

rendu ta copie en lâchant, l'air méprisant, « nul, comme d'habitude... », alors là, il dérape complètement ! Il n'est plus du tout dans son rôle de professeur. Cet adulte n'est pas bien dans sa tête. Mais tu n'as pas à en subir les conséquences.

À toi de jouer !

🙂 Va le voir tout de suite après le cours et dis-lui que tu es très choqué(e) de sa remarque. Quelquefois, les profs ne se rendent pas compte qu'ils peuvent dire des choses très blessantes et faire de la peine. Il était peut-être fatigué ou énervé. Cela ne justifie pas ce qu'il a fait, mais bon, s'il reconnaît son erreur et te présente ses excuses, c'est déjà pas mal.

J'ai été humilié(e) par un prof...

À toi de jouer ! (suite)

☺ Tu n'oses même pas l'aborder? Parles-en à tes délégués de classe, à ton professeur principal et à tes parents. Il a fait une faute en t'humiliant et le directeur doit en être averti, comme il l'est quand un élève fait une bêtise.

☺ On peut critiquer ton travail ou ton comportement, mais pas toi en tant que personne. Ne te laisse pas enfermer sous une étiquette: chaque jour, tu évolues, tu changes. Et si tu fais une erreur aujourd'hui, tu ne la referas pas toujours.

LA RÈGLE D'OR
Ne te laisse jamais humilier, par personne.

J'ai honte que ma mère m'embrasse à la sortie...

Ah, là, là ! ces mamans, toutes les mêmes !
Elles sont affectueuses et ont toujours envie
de faire des bisous à leur enfant.
Sauf que toi, tu as grandi,
et qu'elle ne s'en est pas rendu compte...

Chaque soir, tu voudrais bien disparaître dans un trou de souris quand elle se précipite pour te coller un gros bisou sur la joue en criant : « Bonjour, mon lapin ! » Rien que d'y penser, tu en as la chair de poule ! Beaucoup de mères ont du mal à accepter que leurs enfants ne soient plus des bébés. C'est sûrement le cas de la tienne. Alors, tu as un petit travail à faire : l'amener à accepter l'idée que tu n'es plus ni sa petite puce ni son petit poulet, au moins devant les copains ! Si tu as honte, c'est que tu n'as pas encore osé lui dire que cela ne te plaisait pas. Mais comment veux-tu qu'elle le devine si tu n'en parles pas ?

À toi de jouer !

☺ Dis-lui gentiment : « Maman, ça me gêne que tu m'embrasses devant les copains et les copines. » C'est sensible, une maman, il faut la protéger. Pour atténuer le choc, promets-lui de lui faire pleins de câlins... à la maison. Au début, elle sera un peu vexée, et puis très vite elle sera ravie de voir que tu as grandi.

☺ Demande-lui si elle aimait que sa mère l'embrasse devant tout le monde quand elle avait ton âge... Elle va vite voir de quoi tu parles !

LA RÈGLE D'OR
Les bisous, c'est bien mieux dans l'intimité !

Mes parents racontent des craques : ils ne travaillaient pas si bien que ça...

Ah bon, tes parents enjolivent leurs vieux carnets de notes ?
Dis donc, ça ne va pas du tout, ça !
Allez, dis-leur que tu leur pardonnes, mais qu'il vaut mieux qu'ils te disent la vérité...

Au fait, comment tu le sais ? Tu es tombé(e) sur leurs anciens bulletins ? C'est mamie qui te l'a dit ? Ce petit mensonge de tes parents

s'explique peut-être parce qu'ils ont un peu honte de ne pas avoir bien travaillé. Ou alors ils ont peur que tu en profites pour ne rien faire à ton tour... Parfois aussi, les parents ont la mémoire courte : maintenant qu'ils sont grands et qu'ils ont réussi leur vie, ils ont complètement oublié leurs difficultés d'avant. Eh oui, que veux-tu... les parents ont leurs petites faiblesses... il faut être indulgent ! Ils te racontent des craques parce qu'ils ont très envie que tu travailles bien, que tu réussisses là où ils auraient eux-mêmes eu envie de réussir. Ils sont inquiets pour toi et pensent qu'ils te servent ainsi de modèle. Quoi qu'il en soit, rassure-les, ce n'est pas parce qu'ils travaillaient mal que tu vas moins les aimer !

À toi de jouer !

☺ Évite de clamer : « Avec les notes que vous aviez, vous n'avez rien à dire ! » Que tes parents aient ou non bien travaillé n'a rien à voir avec ce que tu dois faire aujourd'hui en classe. Sinon, cela voudrait dire que tu ne travailles que par rapport à eux, comme un bébé.

À toi de jouer ! (suite)

☺ Parles-en ouvertement avec eux : après tout, c'est plutôt bien s'ils ont eu des difficultés petits et qu'ils les aient surmontées. Cela prouve qu'on peut s'en sortir. Pourquoi le cacher ? Ce serait mieux qu'ils te disent : « Chapeau, moi, j'étais nul. » La vérité est toujours bien plus forte.

☺ S'ils entonnent le refrain préféré des parents : « Moi, à ton âge... », étonne-les par ta maturité en leur rappelant que le monde a bien changé depuis toutes ces années...

☺ Certains parents claironnent qu'ils étaient mauvais élèves, surtout quand ils ont réussi ensuite dans leur vie professionnelle. Eux, c'est eux ; toi, c'est toi : tu n'es pas obligé(e) de les imiter.

SUIVEZ LE GUIDE →

LA RÈGLE D'OR
Embellir, c'est sympa ; maquiller, ça ne tient pas !

Je panique aux contrôles !

C'est ce qu'on appelle le trac.
L'important, c'est d'arriver à te dominer...

Sais-tu que c'est plutôt bon signe si tu stresses un peu avant un contrôle ? D'abord, c'est que tu as peur de ne pas y arriver et que tu es exigeant(e) avec toi-même. Tant mieux ! Ensuite, cela signifie que ton cerveau est en alerte, qu'il est stimulé par l'épreuve : sans cette petite poussée d'inquiétude, tu ne réussirais pas. C'est comme un carburant dans le moteur. Évidemment, il ne faut pas que ta panique soit tellement importante qu'elle t'empêche au final de rendre ta copie.

Peut-être es-tu un peu trop sévère avec toi-même ? Dès que tu sèches sur la première question, tu es prêt(e) à baisser les bras. Derrière cet abandon se cache une grande peur de l'échec. De deux choses l'une : ou tu n'as pas assez travaillé et cela ne sert à rien de paniquer, il fallait t'affoler avant, ou tu as révisé et alors il faut que tu acceptes de ne pas tout contrôler au point d'en être totalement paralysé(e) ! Fais ce que tu peux, tu n'auras peut-être pas 18 mais tu auras 11, alors que si tu abandonnes c'est 0 à coup sûr ! Tu peux avoir la moyenne, même si tu n'es pas superman en tout...

À toi de jouer !

☺ Le sujet ne te dit rien, alors que tu savais tout par cœur hier soir ? C'est ce que l'on appelle le trou noir. Tu es tellement angoissé(e) que ta science s'est envolée en fumée. Au lieu d'essayer de repasser toute ta leçon dans ta tête, observe un mot, une idée de l'énoncé, et essaie de voir à quoi ils te font penser. Comme tu sais des choses, la machine va forcément se remettre en route à partir d'un détail. Évite surtout de te bloquer en répétant sans arrêt dans ta tête « je ne sais rien » ! Attends un peu, lis et relis le sujet, tu vas voir, ça va revenir.

À toi de jouer ! (suite)

☺ Si tu as la possibilité de ne pas faire le devoir dans l'ordre, commence par ce que tu sais faire, cela va te donner confiance pour la suite.

☺ Assieds-toi bien au fond de ta chaise, les deux pieds à plat, et respire à fond. Cette position libérera ton énergie, bien mieux que si tu restes assis(e) sur une fesse, en déséquilibre et la gorge nouée. Ce conseil n'est valable que si tu as appris tes leçons, naturellement. Sinon, tu peux toujours te caler au fond de ton siège et respirer tout l'air que tu veux, ça ne changera rien au problème !

☺ Pour te préparer au contrôle, fais comme les grands sportifs qui se repassent l'épreuve dans leur tête avant de rentrer sur le stade : la veille au soir, visualise le devoir à venir. Tu mémoriseras mieux la leçon si tu te projettes en train de la restituer sur ta feuille le lendemain !

À toi de jouer ! (suite)

☺ Surligne l'essentiel, résume ce qu'il faut que tu saches, ce sera plus facile de t'en souvenir.

☺ Dors bien la veille... et ne relis surtout pas tes cours le matin avant de rentrer en classe : c'est trop tard, ça ne sert plus à rien et tu aggraverais ton angoisse.

☺ Si vraiment tu perds tous tes moyens, que tu paniques au point de rendre feuille blanche alors que tu as travaillé avant, parles-en à un médecin. Il t'aidera à comprendre pourquoi tu es si angoissé(e).

Bonne idée !

LA RÈGLE D'OR
Fais-toi confiance et accepte tes limites.

J'aime pas que mes parents aillent voir les profs... ‼

Pourquoi ça t'embête ?
Tu n'as rien fichu, tu as fait une énorme bêtise ou tu n'aimes pas ça en général ?

Si tu as une collection de mauvaises notes ou si tu fais le pitre à tous les cours, on comprend que cela ne t'emballe pas, parce que tu vas te faire engueuler au retour. Mais là, on ne peut pas grand chose pour toi... On a tous des comptes à rendre sur ce l'on fait : tes parents à leur bureau, les profs aussi, quand ils ont une inspection. Tu n'as rien à te reprocher ? Alors, tu

n'aimes pas trop qu'on parle dans ton dos. On te comprend, c'est très désagréable. Peut-être même que tu as déjà eu un jour un écho plus ou moins sympa de ces rencontres, et tu as eu l'impression qu'on disait des choses pas toujours vraies sur toi. Mais comment le savoir ?

À toi de jouer !

☺ Demande à venir avec tes parents au rendez-vous, tu es assez grand(e) maintenant. Tu es même le (la) premier(ère) à être concerné(e) par ce qui va se dire. Tu te sentiras beaucoup moins inquiet(ète) et dépossédé(e). Tu pourras t'engager toi-même à mieux travailler ou te défendre si tu n'es pas d'accord avec ce qui est dit de toi.

☺ Ne pense pas toujours que c'est pour dire du mal : les rencontres entre parents et profs servent aussi à mieux te comprendre. Tes parents te connaissent différemment, ils peuvent plaider pour toi (parfois même c'est le contraire, les profs peuvent prendre ta défense !). Très souvent, ensuite, cela se passe mieux, parce que tu sors un peu du lot et que le prof fait plus attention à toi.

À toi de jouer ! (suite)

🙂 L'école est un lieu où tu apprends plein de choses, mais aussi un lieu où tu vis ta vie d'enfant. Tes parents ne sont pas au courant de tout, et c'est très bien comme ça. Si tes parents vont voir les profs en permanence et sans raison particulière, ils en font trop. Rappelle-leur que l'école est ton domaine.

PROFS

SUIVEZ LE GUIDE →

LA RÈGLE D'OR
En parlant de toi,
les adultes ne cherchent pas à te trahir.

On est tous punis, j'hésite à dénoncer celui qui a fait une bêtise...

Tu as raison d'hésiter.
Parce que si tu dénonces un copain de classe,
tu auras honte de toi et tu risques de t'attirer
des ennuis en devenant un cafteur...

C'est quoi, au juste, cette bêtise ? Il a écrit
« Galbach Peau de vache » au tableau ? Il a
regardé les notes en catimini sur le cahier du

prof? Bon, ce n'est pas bien grave: vous allez récolter cent lignes à écrire ou le règlement intérieur à recopier, pas de quoi en faire un drame! En revanche, dénoncer est un acte bien plus embêtant. En fait, tu es coincé(e) entre deux envies: celle de plaire aux adultes et celle d'être quand même aimé(e) par tes copains. Or, si tu caftes, tu vas te retrouver rejeté(e) par ta classe et pas forcément mieux apprécié(e) par les adultes, qui n'aiment pas beaucoup ce genre de collaboration en général...

On est tous punis, j'hésite à dénoncer celui qui a fait une bêtise...

À toi de jouer !

☺ Reste du côté des copains. Tu rigoleras sûrement d'ici à quelques années de cette punition collective !

☺ Peut-être peux-tu arriver à convaincre le copain de se dénoncer, si tu es vraiment persuasif(ve). Résultat pas garanti, mais bon...

À toi de jouer ! (suite)

☺ Attention ! S'il s'agit d'un acte grave de violence ou de racket, dans ce cas, ce n'est plus un caftage mais un témoignage courageux. Tu dois au contraire en parler. Fais bien la différence entre les deux situations, les petites bêtises sans conséquences et les choses qu'il faut impérativement dénoncer. Si tu as un doute, parles-en à un grand frère, à un adulte en qui tu as confiance.

Bonne idée !

LA RÈGLE D'OR
Tu te salis en dénonçant,
tu t'honores en témoignant.

Il y a une bande qui m'embête...

La cour de récré, c'est comme la jungle.
Si tu te montres un peu fragile,
tout le monde te tombe dessus.
C'est le règne du caprice et de l'injustice.
Ne te laisse pas faire !

Malheureusement, il n'existe pas d'école sans bande... Au fond, c'est quoi une bande ? Ce sont plusieurs individus qui se rassemblent autour des mêmes codes, des mêmes façons de

faire. Quand tu n'en fais pas partie, tu es rejeté(e). Ils augmentent leur force en se mettant à plusieurs, parce que justement ils se sentent un peu faibles. La puissance de chacun est multipliée par le nombre. Seuls, ils ne sont rien. Cela dit, ils arrivent à faire la loi à l'école. Peut-être es-tu en avance pour ton âge? Si tu n'as pas besoin de te conformer à ces règles pour te sentir fort(e) et que cela te paraît idiot d'imposer ton point de vue par la violence, c'est toi qui as raison. Mais peut-être te montres-tu un peu supérieur(e) et du coup tu agaces les autres. Reporte-toi à « On me traite d'intello... » En attendant, quelle que soit la raison, c'est très dur d'être face à un groupe qui cherche la bagarre...

À toi de jouer !

☺ Pas facile de trouver la bonne attitude : soit tu fuis la bande et tu attires son agressivité, soit tu lui réponds et tu risques de te faire frapper... La meilleure solution est de ne pas rester seul(e), de te trouver un ou deux copains pour lui faire face.

À toi de jouer ! (suite)

☺ Si vraiment la bande va trop loin, n'hésite pas à en parler avec des adultes. Tu n'as pas à le supporter et tu n'es pas responsable de la bêtise et de la méchanceté des autres.

À toi de jouer ! (suite)

☺ En général, la bande aime bien chahuter les autres élèves à tour de rôle. N'aie pas la mémoire courte : quand c'est un copain qui se fait embêter, ne fais pas semblant de n'avoir rien vu !

SUIVEZ LE GUIDE →

LA RÈGLE D'OR

3, c'est toujours plus que 1+1+1...

On m'a insulté(e) à cause de mon origine...

**Ceux qui l'ont fait sont des imbéciles.
C'est une insulte idiote. Ne te laisse pas
atteindre par ces paroles bêtes et méchantes.**

Il est toujours facile de rejeter un groupe ou une
personne à cause de sa couleur de peau, de son
origine sociale, de sa religion, de son accent, du
métier de son père ou de sa mère. Cette façon de
penser entraîne les guerres, la violence et le

racisme. Personne n'est responsable ni coupable de sa culture, de sa famille ou du pays d'où il vient. Il n'y a pas une nation ou une personne supérieure à une autre, même si ce sont des propos que tiennent certains adultes. Il y a des imbéciles qui croient que naître quelque part leur donne des droits, dont celui de mépriser les autres. Ce sont eux qui sont méprisables...
Mais aujourd'hui, tu te heurtes à leur bêtise. Pour toi, c'est vrai, le parcours est plus difficile. Tu as plus de travail à faire dans ta tête, tu dois réfléchir plus que les autres, mais au bout du compte tu auras une personnalité beaucoup plus riche, si tu acceptes tes origines. Enfin, dis-toi encore que tous les enfants se font insulter un jour ou l'autre, à cause de leur physique, de leur look (voir « On se moque de moi parce que je suis un peu gros(se)... »). On trouve toujours une bonne raison pour rejeter les autres !

À toi de jouer !

☺ Pose des questions sur ta famille, ton pays, son histoire, sa langue, ses coutumes. Si tu en fais quelque chose de positif, ce sera génial. Tu as deux cultures, tu es plus riche que ceux qui n'en ont qu'une !

À toi de jouer ! (suite)

☺ Transforme ce que tu considères peut-être comme un objet de rejet en un sujet de fierté : monte une pièce de théâtre sur l'histoire de ton peuple, apprends la musique de ton pays...

☺ Demande à tes profs de faire un exposé pour montrer aux autres élèves des manières de vivre et de travailler qu'ils ne connaissent pas.

Bonne idée !

LA RÈGLE D'OR
Ne te coupe pas de tes racines, tu ne pourrais plus pousser !

On se moque de moi parce que je suis un peu gros(se)...

Si ça peut te rassurer, on se moquerait de toi de la même manière si tu avais les oreilles décollées, si tu zozotais ou si tu t'appelais Buvard ou Lemuet. En fait, tout le monde y passe un jour ou l'autre !

Ça ne te rassure pas ? C'est vrai, c'est désagréable de se faire traiter de patate ou de bouboule... Tu

sais, les enfants de ton âge n'aiment pas beau-coup que les autres soient un peu différents. Dès qu'ils peuvent rire de lui, ils ne s'en privent pas, même quand les différences sont petites. Console-toi en te disant que ces moqueries vont te donner une grande force d'ici à quelques années. Pourquoi ? Parce que le fait d'avoir été rejeté(e) par la classe te fournit l'occasion de réfléchir à des choses auxquelles tu n'aurais jamais pensé si tu ne t'étais pas heurté(e) à la méchanceté ! Tu auras une sensibilité plus forte à la souffrance des autres. Ceux qui n'ont jamais été soumis aux moqueries sont souvent cruels, puisqu'ils ignorent le mal qu'ils font. Toi, tu le sais. Ne l'oublie pas quand tu croises un copain pas comme tout le monde…

À toi de jouer !

☺ N'écoute pas trop les moqueries, c'est la meilleure façon de les faire cesser ! Ignore les petites phrases méchantes, si tu montres qu'elles te font de la peine, tu les entretiens. Les autres vont se fatiguer, puisqu'ils se moquent de toi uniquement pour t'embêter et faire les malins devant les copains.

On se moque de moi parce que je suis un peu gros(se)...

À toi de jouer ! (suite)

☺ Ne te replie pas dans ton coin, cherche un(e) ami(e) un peu moins idiot(e), qui te soutiendra.

☺ Ne sois pas non plus trop susceptible. Quand deux copains pouffent de rire, ils ne se moquent pas forcément de toi !

À toi de jouer ! (suite)

☺ Tu es effectivement un peu trop rond(e) ? Fais du sport, arrête de te bourrer de gâteaux devant la télévision... Si tu parles à tes parents de ta difficulté avec ton poids, ils seront sûrement d'accord pour t'emmener chez un médecin qui t'aidera.

☺ Développe tes qualités plutôt que de te focaliser sur tes défauts...

SUIVEZ LE GUIDE →

LA RÈGLE D'OR
Arrête de te regarder dans les yeux de la classe...

J'ai honte de mes parents...

**C'est dommage, parce que c'est une partie
de toi que tu rejettes et dont tu as honte.
Sais-tu pourquoi tu as ce sentiment ?**

Il n'y a pas si longtemps, tu rêvais d'avoir
comme père et mère un roi et une reine. Lorsque
tu étais en colère contre tes parents, tu étais
sûr(e) qu'ils avaient dû te trouver à la naissance,
mais que bientôt les « vrais » allaient venir te
chercher en carrosse. Ce rêve-là, tous les enfants

le font. On a tous imaginé être le fils d'un prince charmant et d'une vraie princesse ! Cette idée aide à vivre dans les moments difficiles. Mais ce sont des rêves justement, pas la réalité. En grandissant, on accepte ses parents comme ils sont, avec leurs qualités et leurs défauts. Si tu continues à penser qu'ils ne sont pas à la hauteur de tes rêves, tu vas t'en vouloir beaucoup, sans t'en rendre compte, car cela rend très malheureux de rejeter ses parents. En fait, tu ne les trouves pas assez bien et tu souhaites sans doute être dans la peau d'un autre enfant, que tu trouves bien mieux loti que toi. Crois-tu vraiment que ce soit mieux chez les autres ? Pas sûr ! Certains ont par exemple plein de vêtements de marque, le grand appartement de tes rêves, et ils ont quand même honte de leurs parents pour des raisons qui t'échappent. Cela arrive à tous les enfants de ton âge, car c'est une étape pour grandir. Cela dit, les différences, les inégalités existent, c'est injuste. Il faut lutter contre ce problème, mais cela ne justifie jamais qu'on ait honte de ses parents.

À toi de jouer !

☺ Peut-être as-tu ressenti de la honte chez tes parents eux-mêmes ? Parce qu'ils se sentaient moins bien que les autres. Rassure-les en continuant à les aimer comme ils sont.

À toi de jouer ! (suite)

☺ Méfie-toi, le regard des autres est parfois un miroir déformant.

À toi de jouer ! (suite)

☺ Cherche les qualités de tes parents, plutôt que leurs défauts...

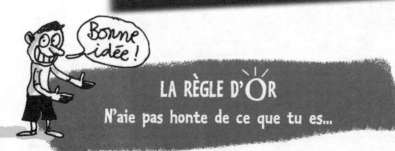

Bonne idée !

LA RÈGLE D'OR
N'aie pas honte de ce que tu es...

On m'a volé mon sac...

**Es-tu du genre à perdre ton blouson
et à t'en apercevoir trois jours après ?
Alors ton sac en a eu assez
que tu ne fasses pas attention à lui
et il a changé de propriétaire...**

Bon, on plaisante, mais est-ce que tu ne te montres pas un peu négligent(e) avec tes affaires ? Non ? Alors, il y a dans l'école un problème qu'il faut résoudre. Parce que c'est

vraiment dur de se faire voler ses affaires : on t'a pris quelque chose de toi, quelqu'un a lu ton agenda avec tous les petits mots des copains et des copines, tu as perdu le stylo à encre que tu aimais bien... Bref, c'est comme si on était entré dans ta chambre pour tout fouiller !

À toi de jouer !

☺ Ne te tais pas sous prétexte que cela arrive tous les jours. Ça ne va pas s'arrêter tout seul. Même si tu as l'impression que l'école ne peut pas faire grand chose, elle doit lancer une enquête, essayer de retrouver tes affaires. Propose des solutions : les délégués de ta classe peuvent demander des casiers fermés à clé, tu peux aussi emporter ton sac à la cantine si les vols ont lieu entre midi et deux heures...

À toi de jouer ! (suite)

☺ Attention, si tu te promènes avec des affaires très chères, qui font envie à tout le monde, tu provoques un peu la situation.

SUIVEZ LE GUIDE →

LA RÈGLE D'OR

Un vol n'est jamais banal, même quand il est fréquent.

Ma meilleure amie m'a laissé tomber...

**Qu'est-ce qui a bien pu se passer ?
Réfléchis : est-ce que tu n'as pas dit
quelque chose qui lui aurait fait de la peine ?
Est-ce qu'elle a changé tout d'un coup ?**

C'est dur, tu dois être bien triste. Mais es-tu
vraiment sûre de toi ? Ce n'est pas parce qu'elle
passe une récré avec une autre qu'elle t'a laissé
tomber. Si elle t'a abandonnée du jour au lendemain sans explications, eh bien, crois-nous,
ce n'était pas ta meilleure amie ! De toutes les
façons, tu t'es trompée sur son amitié, et il est

important que tu comprennes pourquoi. Tu y es peut-être pour quelque chose. Quand on rencontre quelqu'un qui nous plait et qu'on aimerait bien devenir son amie, on a envie qu'elle n'aime que nous, qu'elle soit notre seule et unique copine. On veut tout faire avec elle, tout faire comme elle. Seulement voilà, on est différente, et c'est ça qui est bien. Au début, c'est d'ailleurs même cette différence qui nous a plu ! Et puis, petit à petit, on a eu envie qu'elle devienne pareille que nous ou de devenir pareille qu'elle, et là, ça a commencé à se gâter. Quand on essaie d'être trop semblables, le moindre détail devient important, on ne supporte pas la plus petite différence. Et quand on en demande trop à quelqu'un, on l'étouffe, on ne le laisse plus respirer ! Alors, un jour ou l'autre, il s'en va parce qu'il en a assez. Encore un point : est-ce que tu n'as jamais fait la même chose ? Est-ce que tu n'as pas tendance parfois à laisser tomber une copine pour une autre, sans te soucier de la peine que tu fais à la première, tout simplement parce que la nouvelle est plus populaire ? Quand tu te pavanes dans la cour au bras de ta nouvelle meilleure amie, tu te sens fière, les copines t'admirent et t'envient, tu penses alors que le succès de l'autre rejaillit sur toi. C'est vrai... un moment ! Mais quand la roue tourne, c'est moins rigolo et ça te retombe sur le nez !

Ma meilleure amie m'a laissé tomber...

À toi de jouer !

☺ La première chose à faire est d'aller voir ta copine pour lui demander pourquoi elle te fait la tête.

☺ Ne sois pas jalouse, respecte les moments où tes amies ont envie de faire autre chose que d'être avec toi. De temps en temps, toi aussi reste seule à écouter de la musique, ou rapproche-toi d'autres copines, il y a de la place pour plusieurs !

À toi de jouer ! (suite)

☺ Ne t'enferme pas dans une seule et unique relation, sinon quand elle s'effondre, tu tombes en même temps. C'est une position où tu risques en permanence de te faire rejeter.

À toi de jouer ! (suite)

☺ Elle ne veut plus être ton amie ?
Une amitié, c'est un partage. Cela
ne se quémande pas, sinon tu vas
souffrir, et en plus ça ne la fera
pas revenir !

☺ Est-ce qu'elle te fait souvent le
coup de te choisir, de te laisser
tomber, puis de te reprendre ?
Tu peux peut-être aller chercher
ailleurs une véritable amie, qui
ne cherche pas à te manipuler ou
à se servir de toi comme faire-
valoir...

Bonne idée !

LA RÈGLE D'OR
L'amitié, ça s'entretient, comme une plante
qu'il faut arroser chaque matin.

J'ai pas de copains...

Depuis un jour, depuis toujours ?
Après tout, peut-être que cette année,
il n'y a personne qui mérite d'être ton ami !

Si tu as vraiment du mal à te faire des amis, si tu en es malheureux, c'est qu'il y a sans doute quelque chose chez toi que tu ne contrôles pas et qui éloigne les autres. Et si tu en demandais trop (voir « Ma meilleure amie m'a laissé tomber... »)? Pour toi, l'amitié, c'est « à la vie à la mort » ou rien ! Ou alors, tu prends les autres de haut sans t'en rendre compte, et ils ne te

comprennent pas. Tu les intimides peut-être, même si tu penses que c'est toi qui es timide. Cela dit, tu es triste, parce que tu vois que les autres ont quelque chose à partager et pas toi. Il faut qu'on t'explique quelque chose : pour se faire des amis, il faut s'ouvrir aux autres, donner de soi. C'est difficile, parce qu'en s'ouvrant on devient tout à coup fragile ! Mais en restant sur la défensive, tu te retrouves seul et tu t'ennuies dans ton coin. En fait, c'est comme dans un jeu : si tu ne joues pas parce que tu as peur de perdre, tu ne risques pas de gagner ! Peut-être aussi que tes parents ne reçoivent que la famille ? Mais dans ce cas, tu dois avoir des tas de cousins et de cousines. Ou encore tu as des copains en dehors, et ce n'est pas bien grave de ne pas en avoir à l'école.

À toi de jouer !

☺ As-tu été chagriné par une histoire qui s'est mal passée, déçu par un copain ? Eh oui, cela arrive à tout le monde, même aux adultes, parce que justement tu as pris le risque d'avoir un ami... et donc de le perdre ! Ce n'est pas une raison pour continuer à te protéger.

À toi de jouer ! (suite)

☺ Ne reste pas seul devant ton ordinateur, inscris-toi à un club de sport, de danse...

☺ Intéresse-toi aux autres, écoute-les : c'est une qualité que tu conserveras toute ta vie... avec tes amis !

À toi de jouer ! (suite)

☺ N'en fais pas toute une histoire. Si tu n'as pas de copains cette année, tu en auras l'an prochain. Du moment que tu t'entends bien avec un peu tout le monde, il n'y a rien de dramatique !

SUIVEZ LE GUIDE →

LA RÈGLE D'OR
Parfois on est seul,
cela permet de mieux choisir ensuite...

Ma copine fait tout mieux que moi...

(handwritten: Mon (Aymeric) copain)

(handwritten: !!!)

**Alors là, ça nous étonnerait beaucoup.
Il y a sûrement des domaines où tu es mieux qu'elle, mais tu ne les vois pas.
Ouvre un peu les yeux sur toi... et sur elle !**

Tu admires sûrement beaucoup cette copine que tu trouves belle, intelligente, bonne en sport, élégante à la danse... On te laisse continuer la liste de ses qualités innombrables ! Sauf qu'on

(handwritten: les qualités de ma copine)

(handwritten: mes qualités)

n'y croit pas beaucoup... Cela n'existe pas, quelqu'un qui a tout. Cherche bien, il y a sûrement des domaines où tu es meilleure qu'elle. Non ? C'est parce que tu l'as mise sur un piédestal, que tu veux l'admirer comme une image idéale. Pourquoi as-tu besoin d'avoir devant toi quelqu'un mieux que toi ? Si c'est parce que tu te sens vraiment moins bien, c'est embêtant. Cela veut dire que tu te trouves nulle (voir « Je suis nul(le) »). Mais au fond de toi, es-tu convaincue que c'est vrai ? Peut-être que tu sens que ta copine a besoin de ton admiration pour être ton amie, elle est trop fragile pour se passer de toi et de tes regards babas... Et toi, même si tu ne t'en rends pas toujours compte, tu vas vers ceux qui ont besoin de toi. Tu t'es donc mis dans la tête de la soutenir. Est-ce que c'est le prix à payer pour avoir son amitié ? Franchement, c'est un peu cher, tu ne trouves pas ?

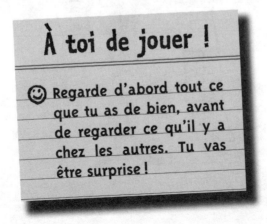

À toi de jouer !

☺ Regarde d'abord tout ce que tu as de bien, avant de regarder ce qu'il y a chez les autres. Tu vas être surprise !

À toi de jouer ! (suite)

☺ Tu as peur qu'elle te quitte pour une autre si jamais tu ne l'admirais plus ? Laisse-la partir, elle ne mérite pas ton amitié. Il y a une autre façon d'avoir des amis que d'exiger l'admiration... ou de la donner !

À toi de jouer ! (suite)

☺ Si tu arrêtes d'être sa groupie, vous allez découvrir une amitié plus équilibrée, plus riche. Essaie, de toutes les façons tu n'as rien à perdre...

☺ Est-ce que tu ne prends pas ce prétexte pour renoncer à certaines choses que tu aimes faire ? Réfléchis-y...

Bonne idée !

LA RÈGLE D'OR
Sans échange ni égalité, pas d'amitié !

Mon copain me donne toujours des ordres...

**Si tu le dis, c'est que tu en as assez...
C'est déjà un progrès !**

En amitié, quand c'est toujours le même qui donne des ordres, c'est le signe qu'il y a quelque chose qui cloche. Ce n'est pas normal. Peut-être as-tu pris l'habitude d'obéir à tes grands frères et grandes sœurs. Ou bien ton copain te dit : « Si tu refuses de m'obéir, je ne serai plus ton ami. » C'est ce qu'on appelle du chantage : il sous-entend ainsi que lui n'a pas peur de te perdre... Eh bien, c'est ça qui ne va pas. Qui va être drôlement surpris quand tu vas lui dire que c'est fini ?

À toi de jouer !

☺ Il te donne un ordre ? Refuse de lui obéir. Tu as le droit de dire non, ce n'est pas un crime. S'il tient à toi, il va se fatiguer très vite et changer de comportement.

À toi de jouer ! (suite)

☺ Parle avec ton copain pour lui dire que tu en as assez, il ne se rend peut-être pas compte de son attitude.

LA RÈGLE D'OR
On obéit à un adulte, pas à un enfant.

Mes parents n'arrêtent pas de critiquer les profs...

**Tes parents critiquent tous tes profs ?
C'est ennuyeux, parce que c'est toi qui passes la journée à l'école...**

Que leur reprochent-ils, en fait ? Ils aimeraient qu'ils enseignent différemment ? Oui, mais toi, c'est à ces profs-là que tu as affaire. C'est ça,

l'école, on a des profs tous différents et il faut s'adapter ! Qu'ils soient critiquables ou pas, il est en tout cas important que tu ne te montes pas contre l'école, parce que c'est toi qui va payer les pots cassés. Certains parents donnent l'impression qu'ils savent tout mieux que les enseignants, et c'est désagréable pour tes profs. De la même façon, quand ces derniers semblent leur donner des leçons d'éducation, ça énerve tes parents, c'est normal. Ce qui est embêtant dans cette situation, c'est que tu peux te sentir autorisé à ne rien faire. Et ce serait bien dommage, car ce n'est pas une solution pour toi. Quand le patron d'un de tes parents change et que le nouveau lui plaît moins, il ne quitte pas son travail pour autant... C'est la même chose à l'école, tu n'as pas le choix : quel que soit le prof que tu as, il faut que tu travailles avec lui. Cela dit, il arrive que les critiques de tes parents soient justifiées. Dans ce cas, les parents des copains sont aussi mécontents que les tiens. Mieux vaut alors qu'ils aillent voir le directeur ou le principal pour régler le problème.

À toi de jouer !

☺ L'attitude de tes parents t'amène à être tiraillé(e) entre deux partis : le leur et celui de l'école. Cela te met mal à l'aise, parce que c'est comme si tu étais assis(e) entre deux chaises, et c'est très désagréable... Si tes parents ne l'ont pas compris, explique-leur gentiment que tu passes une grande partie de la journée en classe et que tu n'as pas envie que l'on critique sans cesse tes profs.

À toi de jouer ! (suite)

☺ Tes parents ont peut-être un mauvais souvenir de l'école ? Ils pensent que tu dois toi aussi sûrement subir des injustices, comme eux en ont connu. Rassure-les, si ce n'est pas ton cas.

À toi de jouer ! (suite)

☺ Si tu tombes sur un prof moins bon, eh bien tant pis, continue à travailler, tu en auras un meilleur l'année prochaine !

À toi de jouer ! (suite)

☺ Tu connais tout sur la vie des abeilles et tu es persuadé(e) de savoir mieux que le prof ? C'est peut-être vrai pour les insectes, mais pour le reste, ouvre tes oreilles. Tu as plein de choses à apprendre sur les baleines...

Bonne idée !

LA RÈGLE D'OR

L'école, c'est ton monde, fais-le respecter.

Je n'aime pas aller aux toilettes à l'école...

Souvent, on préfère y aller chez soi, dans un lieu bien tranquille et qu'on connaît, parce qu'on a besoin de s'y sentir en sécurité.

C'est un drôle d'endroit, les toilettes ! On se raconte des histoires qui font un peu peur. Et comme on est déshabillé, on se sent en insécurité. Et si quelqu'un ouvrait la porte ? Et si, et si... Ensuite, on peut y faire des choses dont on n'a pas forcément envie de parler avec les autres,

bref c'est un lieu où on n'aime pas être dérangé. Or, à l'école, il y a toujours un risque. Enfin, les toilettes peuvent être mal entretenues, avec des portes qui ne ferment pas à clé, par exemple. Qui a envie de s'asseoir sur un siège sale, dans un endroit qui sent mauvais, avec des portes qui ferment mal ? Personne ! Tu sais, beaucoup d'adultes sont dans le même cas que toi, ils ont horreur d'aller aux toilettes en dehors de chez eux !

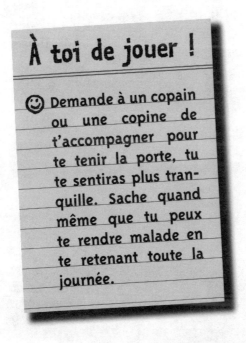

À toi de jouer !

☺ Demande à un copain ou une copine de t'accompagner pour te tenir la porte, tu te sentiras plus tranquille. Sache quand même que tu peux te rendre malade en te retenant toute la journée.

Je n'aime pas aller aux toilettes à l'école...

À toi de jouer ! (suite)

☺ Emporte des mouchoirs en papier dans tes poches...

À toi de jouer ! (suite)

☺ Si les toilettes sont vraiment sales, que les portes ne ferment pas, qu'il n'y a jamais de papier hygiénique, parles-en aux délégués, à tes parents. Il faut que l'école les répare et veille à leur entretien. C'est important de pouvoir aller aux toilettes dans la journée sans se sentir inquiet.

SUIVEZ LE GUIDE

LA RÈGLE D'OR
Évite d'en faire une maladie.

Je redouble, j'ai pas le moral...

Ne te décourage pas, c'est un peu vexant, mais ce n'est pas une catastrophe.
Et souvent même, c'est une excellente chose : tu vas enfin pouvoir reprendre pied et travailler à ton rythme !

Un an de redoublement, ce n'est pas très grave, même si tu es blessé(e) en ce moment. Tes copains passent et pas toi, tu as l'impression qu'on t'a laissé(e) sur le bord du chemin. Et puis tes parents ne sont sans doute pas très contents. Ne te tracasse pas trop : chacun a son rythme, plus ou moins rapide. Tu as travaillé ? c'est que le train allait trop vite pour

toi. Tu n'as rien fait ? il faut alors que tu rattrapes le temps perdu... D'ailleurs, ce n'est pas forcément ton niveau scolaire que l'on a pris en compte. Tu es peut-être un peu jeune : si tu es du milieu de l'année, par exemple, les autres ont six mois de plus que toi, et ça compte beaucoup, six mois ! L'école n'a pas tort de te laisser souffler et de te permettre de prendre ton temps. Franchement, ce n'était pas drôle pour toi d'être toujours à la traîne, non ? Si tu étais passé(e), tu te serais retrouvé(e) dans une classe où tu aurais eu du mal à suivre, tu te serais découragé(e), et tu aurais encore moins bien travaillé ! Tu as pu aussi avoir des soucis de santé ou des soucis dans ta famille, et tu avais un peu la tête ailleurs. Si tu refais ta classe, tu auras de bonnes notes, tu vas reprendre confiance en toi, et l'année prochaine tu prendras un meilleur départ !

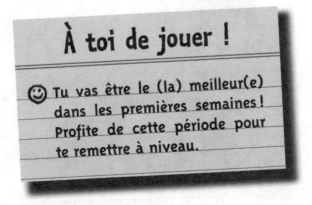

À toi de jouer !

☺ Tu vas être le (la) meilleur(e) dans les premières semaines ! Profite de cette période pour te remettre à niveau.

À toi de jouer ! (suite)

☺ Changement de programme ! Il faut te trouver d'autres activités, d'autres rythmes, pour ne pas avoir l'impression de refaire la même année. Demande aussi à changer de profs quand c'est possible.

☺ Si tu as honte, que cela te pose des problèmes vis-à-vis de tes anciens copains et copines, demande à tes parents si tu ne peux pas changer d'école. Ce n'est pas possible ? Allez, d'ici à un mois, plus personne ne se souviendra que tu redoubles !

À toi de jouer ! (suite)

☺ On t'embête dans la cour de récré ? Prends-le avec humour, réponds aux imbéciles : « J'ai vachement aimé le programme de l'an dernier, j'ai décidé de le refaire ! »

À toi de jouer ! (suite)

☺ Sois patient(e)... Il faut un trimestre environ pour se faire de nouveaux vrais copains et copines. Et cela ne t'empêche pas de garder le contact avec ceux que tu as déjà.

À toi de jouer ! (suite)

☺ Fais attention, ce n'est pas parce que tu vas être bon(ne) qu'il faut t'endormir sur tes lauriers. Continue à travailler...

Bonne idée !

LA RÈGLE D'OR
Tu as perdu une manche, profites-en pour progresser et gagner la partie !

J'ai copié, je me suis fait prendre...

**Tu es embêté(e), un peu humilié(e) même,
mais contrairement à ce que tu penses,
ce n'est pas parce que tu t'es fait prendre,
mais parce que tu as copié...**

Tu as préparé des petits papiers que tu as cachés
sous ton pull ? Tu as écris les formules de maths
sur tes semelles ? (Pas très pratique, note bien, on
n'est pas étonnés que tu te sois fait attraper !)
Bon, une fois passe encore, mais si tu en prends

l'habitude, tu vas vite devenir un menteur professionnel. Dès que tu auras une bonne note, il y aura toujours deux ou trois élèves qui se retourneront vers toi avec un petit sourire. En plus, ce n'est pas non plus très efficace : si c'est une matière où tu es mauvais(e), et c'est quand même souvent dans celles-là que l'on est tenté de tricher, tu vas te retrouver avec un 15 au lieu de ton 2 habituel. Bizarre, bizarre... Et imagine encore pire pour la suite : dès que tu vas essayer de te rattraper, que tu vas travailler, on ne croira pas en tes résultats (voir « J'ai pas copié et on m'accuse... »). Enfin, tu risques de t'habituer à avoir de bonnes notes sans aucun effort et quand tu passeras des examens vraiment importants plus tard, tu ne pourras plus recourir à tes petits papiers. Tu vas être drôlement ennuyé(e)...
Un devoir, c'est fait pour tester tes connaissances. Tu as peur d'être interrogé(e) sur quelque chose que tu ne connais pas ? Eh oui, ça arrive de tomber sur le sujet que l'on n'a pas appris et qui va décider pourtant si on est bon(ne) ou pas dans telle matière. C'est un peu la loterie, mais c'est la règle du jeu. Comme quand tu pioches un deux à la place d'un as en jouant aux cartes. Si tu triches, tu te fais pincer, c'est normal ! D'ailleurs console-toi, car si tu ne t'étais pas fait prendre, ce serait pire : tu te sentirais coupable et, au fond de toi, tu saurais très bien que cette note n'était pas méritée...

À toi de jouer !

☺ Sais-tu que cela prend trois fois plus de temps de faire des antisèches que de préparer des fiches pour apprendre tes leçons? Sauf qu'en recopiant pour tricher, tu ne réfléchis pas à ce que tu es en train de faire alors que pour apprendre et retenir tu branches ton cerveau sur le mode « enregistrement ».

☺ Tu ne sais pas répondre? Débrouille-toi, invente, essaie de mobiliser tes souvenirs... C'est toujours mieux que de sortir ton cahier ou tes feuilles en douce, ou encore de copier sur le voisin. Si l'autre s'est trompé, le prof va s'en apercevoir tout de suite, et tu vas le mettre dans le même bateau. Il n'a rien demandé, lui, et tu lui fais prendre le risque d'avoir zéro. Pas très sympa, tu ne trouves pas?

☺ Avant les contrôles, travaille avec les copains, plutôt que de copier sur eux, c'est beaucoup mieux...

À toi de jouer ! (suite)

☺ Tu as tous tes contrôles en même temps et tu as peur de ne pas avoir le temps de tout apprendre ? Va voir le prof principal avec deux ou trois copains, pour lui demander d'intervenir auprès des autres profs afin qu'ils étalent mieux les devoirs.

À toi de jouer ! (suite)

☺ Peut-être aussi que tu as trop de pression sur toi et que tu as peur de décevoir tes parents ? Si tu as tout le temps la trouille de te faire punir, demande à ton prof principal d'organiser une rencontre avec eux, il y quelque chose qui ne va pas.

SUIVEZ LE GUIDE →

LA RÈGLE D'OR
Tricher, c'est mentir aux autres et à soi-même.

J'ai pas copié et on m'accuse...

Que s'est-il passé ?
Tu as travaillé avec un copain ou une copine et vous avez appris la même chose ?
Ou alors tu as appris par cœur et tu as tout ressorti sur ta copie à la virgule près ?

Tes parents sont peut-être des spécialistes du sujet du devoir et tu en sais beaucoup plus que toute la classe sur la question, ça arrive.

Ou bien tu es tombé(e) amoureux(se) de la géographie, tu as reçu à Noël un livre sur toutes les villes de France, et tu les connais par cœur (on peut rêver...). Peut-être aussi que tu l'as déjà traité, ce sujet ! Pour une fois, tu n'as pas copié, mais mets-toi à la place des profs que tu as habitués à ce genre de choses (voir « J'ai copié, je me suis fait prendre... »). Enfin, si par malheur tu es victime de ta réputation de mauvais(e) élève, il faut absolument en parler, parce que ce serait tragique pour toi. Ne te laisse pas faire : être accusé(e) à tort est la situation la plus injuste au monde !

À toi de jouer !

☺ Il y a quelque chose qui s'est passé et que tes profs ne savent pas. Va les voir immédiatement pour t'expliquer avec eux, parles-en à tes parents.

☺ On ne te croit pas ? Insiste ! On a inventé les avocats, parce qu'on n'a pas le droit d'accuser et de condamner quelqu'un s'il ne peut pas se défendre.

À toi de jouer ! (suite)

☺ C'est ton voisin qui a copié sur toi ? Essaie de le convaincre de se dénoncer. S'il refuse, tu ne peux pas faire grand-chose. Mais au prochain contrôle, débrouille-toi pour changer de place !

LA RÈGLE D'OR
Ne te laisse jamais accuser à tort sans rien dire !

J'ai été racketté(e)... !

**C'est un acte grave, formellement interdit par la loi, et il faut que tu en parles.
Les racketteurs comptent bien sur ton silence, et tant que tu ne diras rien, ils continueront !**

On t'entend d'ici penser tout bas : « Plus facile à dire qu'à faire... » C'est vrai, tu as raison, si c'était si simple, le racket n'existerait pas, parce qu'il repose justement sur le silence de ceux qui en sont victimes. Ou qui assistent à

des actes de racket sans rien dire. Pourquoi se taisent-ils ? Parce qu'ils sont terrorisés et pensent que, s'ils parlaient, on les traiterait de balances. Or, c'est tout le contraire. C'est un acte très courageux d'oser parler dans ces cas-là, rien à voir avec du caftage (voir « On est tous punis, j'hésite à dénoncer celui qui a fait une bêtise... »). Mais parfois tu peux te taire aussi parce que tu as honte. Oui, c'est à toi que l'on a fait du mal, et c'est pourtant toi qui te sens coupable. Comment est-ce possible ? Tu sais, dans la tête de tous les humains, il se passe un curieux phénomène. Quand on te vole quelque chose sans que ce soit sous la contrainte, tu peux crier haut et fort « au voleur », tu te sens dans ton bon droit. Mais quand tu es forcé(e) de donner, que tu n'as pas pu résister, tu crois que tu es faible, que tu ne sais pas te défendre et que, dans le fond, tu as mérité ce qui t'arrive. Tu es tellement honteux(euse) que tu n'oses plus en parler. Écoute bien ce que l'on va te dire, c'est très important : ce silence-là est l'ennemi de toute l'humanité. C'est comme ça qu'on arrive à faire obéir les gens, en les terrorisant d'abord et en les persuadant qu'ils sont coupables ensuite de ce qui leur arrive. Même si tu es plus riche que les autres, même si tu travailles mieux, rien ni personne ne peut justifier que l'on prenne par la force ton argent, ton blouson, tes devoirs... En te taisant, tu donnes raison à ceux qui te font du mal. Un comble, non ? Mets-toi en colère pour trouver la force de te révolter ! Quand on n'a pas le droit de faire quelque chose, on n'a pas le droit, cela ne se discute pas. Les lois sont faites pour protéger les victimes, et il en existe une en France contre le racket. Mais si tout le monde se tait, la loi ne sert plus à rien. Il faut absolument que tes parents portent plainte.

À toi de jouer !

☺ Ne crois pas qu'en cédant une fois aux racketteurs tu vas te débarrasser d'eux. Au contraire, tu leur montres que tu as peur et ils vont t'en demander toujours plus.

☺ Dès la première fois, va voir un professeur ou le principal. Demande à un copain de t'accompagner, car c'est difficile de lutter tout(e) seul(e) contre la violence.

☺ Parles-en le jour même à tes parents. Un racketteur repéré par les adultes se dégonfle immédiatement, il n'est fort que quand tu as peur de lui.

☺ Tu n'oses pas te confier à tes parents ou aux professeurs ? C'est parfois plus facile de parler à un adulte que l'on ne connaît pas. Il existe un numéro de téléphone, le 119, où tu peux appeler gratuitement, à n'importe quelle heure du jour et de la nuit : il y aura toujours quelqu'un pour t'écouter et t'aider.

À toi de jouer ! (suite)

☺ En parlant, tu vas aussi soulager d'autres enfants qui, comme toi, sont sous la coupe des racketteurs et n'osent pas le dire.

☺ Attention, si tu subis sans rien oser dire, un jour, pour te venger d'avoir été humilié(e), tu risques de devenir complice à ton tour. Parler, c'est dénoncer une situation que tu n'as pas envie de subir ni de reproduire.

À toi de jouer ! (suite)

☺ S'il y a beaucoup de violence dans ton école, pourquoi ne pas créer avec tes copains un club Ruban vert ? Cela vous permettrait de parler du respect, du droit à la parole et du refus de la loi du silence face à la violence. On y aborde également le respect mutuel que se doivent les adultes et les élèves. Pour avoir des renseignements, consulte le site www.rubanvert.net.

SUIVEZ LE GUIDE →

LA RÈGLE D'OR
La seule et unique manière de faire cesser le racket, c'est de le dénoncer.

Je suis nouveau (nouvelle), et personne ne me parle...

**C'est normal, les élèves se connaissent tous et ne te connaissent pas.
Mets-toi à leur place : dans la même situation, tu ferais sans doute pareil qu'eux ...**

Tu arrives au milieu d'une partie qui est déjà commencée, et les autres ne savent pas encore s'ils vont te faire entrer dans le jeu ou s'ils vont t'exclure. Tu es étranger(ère) à leur petit monde, et ils se posent des questions sur toi : est-ce qu'il (elle) est sympa ? Est-ce qu'il (elle) pense

comme nous ? C'est une sorte d'épreuve, de période d'observation par laquelle tu es obligé(e) de passer. Pas facile pour toi, on le reconnaît. Mais deux dangers te guettent dans cette situation : soit tu te renfermes sur toi, et les autres vont l'interpréter comme un rejet de ta part, alors que, toi, tu vis le contraire ; soit tu te mets à vouloir à tout prix plaire à toute la classe, et tu vas te retrouver avec n'importe qui pour ne pas rester tout(e) seul(e) ! Alors, profite de cette période pour faire la même chose qu'eux. Observe-les ! Dans cette classe, avec qui voudrais-tu être ami(e) ? Allez, dans quelque temps, si tu évites d'être trop renfermé(e) ou trop gentil(le), tu ne seras plus le « petit nouveau » ou la « petite nouvelle », mais un nouveau copain, une nouvelle copine !

À toi de jouer !

☺ Le plus dur et le plus long dans ton cas, ce sont les heures de récré. Occupe-toi en apportant une revue, en allant au foyer...

☺ Inscris-toi à un atelier entre midi et deux heures. Tant pis si tu n'aimes pas le ping-pong ou la chorale, c'est un moyen de se faire de nouveaux copains.

Je suis nouveau (nouvelle), et personne ne me parle...

À toi de jouer ! (suite)

☺ Ne reste pas dans ton coin en attendant que les autres viennent vers toi. C'est à toi de faire les premiers pas en adoptant une attitude ouverte, qui donne confiance à ceux qui ne te connaissent pas encore. Invite chez toi une ou deux personnes qui te paraissent sympas.

☺ Ne renonce pas à être toi-même pour te faire adopter et ne deviens pas le meilleur copain ou la meilleure copine du premier venu par peur de rester seul(e).

À toi de jouer ! (suite)

☺ Quand tu seras bien intégré(e) et que tu verras débarquer un nouveau, souviens-toi que c'est dur et facilite-lui sa période d'observation !

Bonne idée !

LA RÈGLE D'OR
La solitude, ce n'est pas l'abandon.

Y' en a qui m'obligent à montrer mes devoirs...

Bravo, cela veut dire que tu les fais
et que tu es bon(ne), c'est déjà pas mal !
Le problème, c'est qu'on t'oblige à les montrer
et ça, c'est très embêtant.
Cela s'appelle du racket !

Pourquoi les montres-tu ? Ils te menacent ? « On va te casser la figure, on va t'exclure de la bande, on ne sera plus ton ami... » Du coup tu finis par les leur donner et tu fais semblant de croire que c'est un acte de copinage, alors qu'en fait tu ne fais qu'obéir parce que tu es terrorisé(e). Au passage, on te signale quand même que c'est tant pis pour eux : ce n'est pas en copiant sur toi qu'ils vont faire des progrès. Ils s'évitent une mauvaise note dans l'immédiat, mais c'est reculer pour mieux sombrer... Ne les prends pas pour plus qu'ils ne sont : ils sont sans doute embêtés d'être mauvais en classe ou paresseux. Ose leur dire non !

À toi de jouer !

☺ Tu acceptes leur chantage pour avoir des copains ? Tant que tu y crois, ils en profitent. Mais, au fond, ils vont te mépriser, car ils savent bien que tu fais ça parce que tu as peur d'eux ou pour ne pas rester tout(e) seul(e), pas pour leur faire plaisir.

À toi de jouer ! (suite)

☺ Continue surtout à faire tes devoirs ! Ce serait une mauvaise chose pour toi d'arrêter de travailler pour ne plus subir les pressions des autres.

SUIVEZ LE GUIDE →

LA RÈGLE D'OR
Ne laisse personne piller ton travail.

J'ai peur des bagarres... !!!

Tu as raison.
C'est normal de ne pas aimer les coups.
Si tu peux, évite-les...

Certains garçons et certaines filles adorent se bagarrer : c'est leur façon de parler. Dommage pour eux... Ils préfèrent se servir de leurs muscles que de leur tête. Ils pensent sans doute qu'ils font ainsi preuve de leur force, de leur puissance. C'est une sacrée erreur, et encore, on reste polis ! Cela dit, si à un moment donné

tu es provoqué(e) et tu es obligé(e) de te battre, sache que l'autre a aussi peur que toi. Dans la cour de récré, celui qui cherche la bagarre le fait parce qu'il sait qu'il terrorise les autres. S'il sent qu'un élève n'a pas peur, en général il ne s'y attaque pas. Ne surestime pas sa force...

À toi de jouer !

☺ Ce sont toujours les mêmes qui cherchent la bagarre. Éloigne-toi d'eux, ils ne sont pas intéressants.

À toi de jouer ! (suite)

☺ Ne te démoralise pas en pensant que tu n'es pas courageux(se) ! Même à la guerre, tous les soldats ont peur, il n'y a que les fous qui n'ont jamais la trouille de rien. Alors, si tu n'aimes pas te battre, cela prouve que tu vas bien !

À toi de jouer ! (suite)

☺ Tu n'es pas très sûr(e) de toi ? Tu es dans une école où il y a sans cesse des bagarres ? Demande à tes parents de t'inscrire dans un cours d'art martial comme le judo, tu apprendras à te défendre...

Bonne idée !

LA RÈGLE D'OR
Avoir peur n'empêche pas d'être courageux quand il le faut.

Mon copain s'est fait frapper et je n'ai rien fait...

Tu dois t'en vouloir,
parce que ta peur a été plus forte
que ta solidarité.
Rassure-toi, cela prouve
que tu es un être humain,
tout simplement, pas un super héros.

Bien sûr, tu aurais préféré te lancer dans la mêlée pour coller une raclée à tout le monde comme dans les films. Seulement voilà, tu

n'étais pas au cinéma... D'ailleurs, si cela peut te rassurer, il n'y a pas beaucoup d'adultes qui prennent des risques pour les autres. Pas parce qu'ils s'en moquent, mais parce qu'ils ont peur pour eux-mêmes. Le problème, c'est que ton copain risque de t'en vouloir, parce que, contrairement aux apparences, il s'en sort plutôt mieux que toi. Il a reçu des coups, mais il peut se plaindre puisque c'est lui la victime. Toi, tu n'as pas reçu de coup, mais tu es honteux de n'avoir rien fait. C'est douloureux pour toi aussi !

À toi de jouer !

☺ Il faut que tu en parles avec ton copain immédiatement. Ne te cherche pas de fausses excuses dans le style : « Je n'avais pas vu » ou encore « J'étais aux toilettes »... Dis franchement : « J'ai eu peur, excuse-moi. » Si c'est un vrai ami, il va comprendre. Cela peut arriver à tout le monde, cela aurait pu lui arriver aussi, il le sait au fond de lui...

À toi de jouer ! (suite)

☺ Si tu assistes à une scène violente où tu ne sais pas quoi faire, crie, appelle, fais du bruit pour qu'un adulte intervienne.

SUIVEZ LE GUIDE →

LA RÈGLE D'OR
La première réaction devant la peur, c'est la fuite, c'est humain.

J'ai zéro et je ne sais pas comment l'annoncer à mes parents... !!!

Ça, c'est sûr,
c'est un mauvais moment à passer !
Commence déjà par distinguer
le zéro de conduite du zéro pour un devoir...

Si tu as un zéro de conduite, on te conseille surtout de ne pas te lancer dans des explications interminables du style : « C'est incroyable, tout à l'heure, le prof a décidé de coller un zéro à toute la classe parce que personne ne l'écoutait, mais c'est pas juste parce que... » Ne prends pas tes parents pour des idiots qui n'ont jamais fait de chahut de leur vie. Ils vont te voir venir de loin ! Si c'est pour un devoir, soit c'est exceptionnel, et ce n'est qu'une petite tache dans ton carnet, ce n'est pas un drame ; soit tu es abonné(e) aux notes en dessous de 2, et c'est que tu as un problème dans cette matière. Autant en parler franchement avec tes parents et voir ce que tu peux faire (voir « J'ai des mauvaises notes, et pourtant je travaille... »).

J'ai zéro et je ne sais pas comment l'annoncer à mes parents...

À toi de jouer !

☺ Choisis le bon moment pour annoncer ta note, pas le matin où ton père n'a plus de chemise propre à se mettre ni le soir où ta mère rentre en ayant cassé la boîte de vitesses de la voiture...

☺ Respire à fond et lance-toi ! De toutes les façons, d'ici à deux ou trois jours, tu te marreras en te souvenant de ta peur actuelle.

À toi de jouer ! (suite)

☺ Résiste à la tentation d'ajouter un 2 devant ton zéro (voir « J'ai trafiqué mon carnet de notes... »)...

☺ Si tu es très affecté(e) par cette note, dis-le à tes parents. Avoue que c'est rare qu'ils t'engueulent quand tu es tout(e) triste à cause d'un échec. Dans ces cas-là, ils sont plutôt de ton côté, non ? Mais si tu le prends de haut, en disant : « Bon, ben, c'est pas la fin du monde, hein, on est plein dans ce cas-là ! », ils n'ont plus qu'une envie : en faire un drame pour contrebalancer ton attitude.

Bonne idée !

LA RÈGLE D'OR

Avoir zéro, ce n'est pas être nul(le).
Ce qui est nul, c'est d'essayer de faire croire qu'on n'y est pour rien.

J'arrête pas de parler en classe... !

Tu as du temps à perdre ? C'est dommage, parce qu'une leçon écoutée est à moitié sue. En parlant pendant les cours, tu as le double de boulot en rentrant chez toi le soir !

C'est chouette de parler ! Tu as des tas de choses à raconter à ton voisin, et c'est très bien. Mais franchement, avoue que souvent ça n'a pas un intérêt capital. Rien qui ne puisse pas attendre

une petite heure, en tout cas. Au fait, tu te demandes peut-être pourquoi c'est important d'écouter le prof et d'apprendre ? Parce qu'ensuite on peut faire des choix : sélectionner un métier qui nous plaît, refuser des choses parce qu'on a les arguments pour dire non... Tu vois, ça n'a l'air de rien, mais c'est drôlement important d'écouter en classe. Mais si tu ne peux pas t'empêcher de parler pendant les cours, c'est peut-être que tu as du mal à supporter le silence. Il y a quelque chose qui te tracasse en ce moment ? Tu as besoin de t'étourdir en parlant tout le temps ? Ce n'est pas une façon de faire disparaître les problèmes...

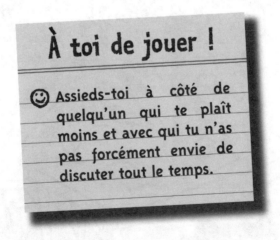

À toi de jouer !

☺ Assieds-toi à côté de quelqu'un qui te plaît moins et avec qui tu n'as pas forcément envie de discuter tout le temps.

À toi de jouer ! (suite)

☺ S'il s'agit d'annoncer « Machine fait une boum », en une minute tu l'as dit ! Pour récapituler la liste de ceux qui sont invités, attends l'heure de la récré...

À toi de jouer ! (suite)

☺ Si tu as des soucis, parles-en à un adulte de confiance. Ne te transforme pas en moulin à paroles pour éviter d'y penser.

SUIVEZ LE GUIDE

LA RÈGLE D'OR
Pour apprendre, il faut entendre.

On m'a agressée dans les couloirs !

**Est-ce que c'est un garçon de ta classe
avec qui tu es copine d'habitude
ou est-ce que tu le connais à peine ?
C'est différent dans les deux cas.**

Si c'est ton copain, il y a de grande chance pour qu'il t'ait embêtée parce qu'il est embarrassé et qu'il ne sait pas faire autrement pour te parler. À votre âge, les garçons sont un peu idiots, maladroits. Quand ils trouvent une fille jolie, ils la poussent dans les couloirs pour entrer en contact, ils la bousculent alors qu'ils aimeraient

bien en fait l'embrasser. Mais ils ne savent pas trop comment s'y prendre avec les filles : ils pensent que c'est en faisant les forts qu'ils les impressionneront. Et ils ont tout faux ! Cela dit, ce n'est pas parce qu'ils sont idiots que tu es obligée de te laisser faire... Attention, ce n'est pas du tout la même chose s'il s'agit d'un élève que tu connais à peine, d'un garçon qui t'a dit des choses vulgaires qui t'ont mise mal à l'aise ou qui t'a touché les seins ou le sexe, ou encore qui a eu une attitude telle que tu t'es sentie salie : il s'agit dans ce cas d'une véritable agression.

À toi de jouer !

☺ Si c'est un copain que tu aimes bien, dis-lui que s'il veut être ton ami il a intérêt à se comporter autrement.

☺ Ne te laisse pas traiter comme un objet. C'est toi qui sais ce qui te plaît et ce qui ne te plaît pas. Dis-le !

À toi de jouer ! (suite)

☺ S'il s'agit d'une agression, ne te laisse surtout pas faire. Tu dois en parler au directeur, à ton CPE, à tes parents, pour que l'élève soit puni et n'aille pas plus loin. Sinon, il pensera que tu es d'accord.

À toi de jouer ! (suite)

☺ Ne te sens surtout pas coupable de plaire ! Quand une jolie fleur est cueillie dans un champ, ce n'est pas la faute de la fleur !

☺ Il a fait ça pour frimer devant ses copains ? Remets-le à sa place !

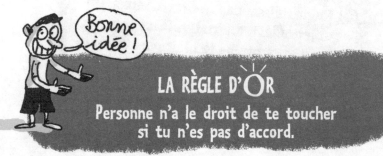

Bonne idée !

LA RÈGLE D'OR

Personne n'a le droit de te toucher si tu n'es pas d'accord.

Y' a une rumeur qui dit que...

« Il sent pas bon »,
« Elle répète tous les secrets »...
Le bruit court dans les couloirs
à la vitesse du TGV.
On se demande bien d'où il vient
et qui l'a lancé le premier,
mais tout le monde le reprend...

« On m'a dit... », « Tu ne sais pas... » Dans les cours de récré, on adore raconter des petites histoires sur les uns et les autres pour montrer qu'on est au courant de tout. Cela nous permet de faire partie du groupe. C'est ça, la rumeur, un truc irrésistible ! Même les adultes se laissent prendre à ce petit jeu ! Le problème, c'est qu'il s'agit souvent d'une méchanceté. Tu entends rarement dire : « Il paraît que Benjamin est un type formidable. » Ce sont les petites vacheries

qui gonflent et qui enflent. Mais elles peuvent faire beaucoup de mal à celui qui est concerné. Pas très courageux d'en rajouter sur quelqu'un que tout le monde critique, le plus souvent pour rien !

À toi de jouer !

☺ Tout le monde dit que... Oui, mais tout le monde, c'est personne en particulier ! Vérifie ce que l'on te dit avant de répéter une information.

☺ Toi qui as horreur d'être injuste, ose dire que tu n'en sais rien. Tu verras, si tu as le courage de dénoncer la rumeur, beaucoup de copains et de copines te suivront.

☺ Tu es victime d'une rumeur ? On chuchote sur ton passage en pouffant ? Approche-toi pour demander ce qui se passe. Une bonne explication fait toujours retomber la pression !

SUIVEZ LE GUIDE →

LA RÈGLE D'OR
Ne hurle pas avec les loups comme un mouton.

J'ai monté un bobard, et je n'arrive plus à m'en sortir...

Tu as monté ce bobard pour te protéger,
ou pour te faire mousser devant les copains,
histoire qu'on t'admire et qu'on t'aime.
Et tu as un tel talent que tout le monde t'a cru !
Seulement voilà, tu n'arrives plus à faire
revenir le film en arrière...

Il faut en sortir parce que cela va aller de pire en pire. Tu vas être dans l'escalade, jusqu'au jour où il va falloir inviter les copains à la maison et où tu auras du mal à leur faire prendre l'aquarium pour une piscine à remous... Ou encore tu as transformé tes 8 de moyenne en 12 tout au long du trimestre ? Ça va être dur pour toi de voir arriver le bulletin... Eh oui, tu as bien cru un moment que tu étais tout(e)-puissant(e) et que tu pouvais réinventer le monde comme tu aimerais qu'il soit, mais le monde est sur le point de s'apercevoir que tu as menti. On va te raconter une petite histoire : il y avait autrefois une ville qui avait construit des murs de trois mètres de haut pour se protéger de ses ennemis. Un rempart tellement bien fait que personne ne pouvait effectivement la prendre. Mais un siècle plus tard les habitants étaient toujours emmurés dans leur ville, alors que les ennemis étaient partis depuis longtemps ! Tu es comme ces habitants : tu es enfermé(e) dans ton histoire, et il va falloir commencer la démolition des murs...

À toi de jouer !

☺ Avec les copains, fais-en un sujet de plaisanterie : « Non, sérieusement, vous y avez vraiment cru, à ma piscine à remous ? » Avec les parents, c'est plus dur. On n'est pas bien sûr qu'ils vont apprécier que tu aies transformé tes résultats scolaires, mais plus tu attends pour avouer, plus ils vont être furieux ! Mieux vaut qu'ils ne l'apprennent pas par l'école.

À toi de jouer ! (suite)

☺ Pas de doute, tu es doué(e) pour les histoires. Et si tu utilisais ton imagination pour en écrire ? Tu es malin (maligne), sers-toi de ton talent...

Bonne idée !

LA RÈGLE D'OR
Les meilleurs mensonges doivent toujours avoir une fin...

Je suis trop mal habillé(e)...

Est-ce que c'est parce que tes parents refusent que tu portes des vêtements à la mode ou parce qu'ils ne peuvent pas te les offrir ?

Autrefois, du temps de tes grands-parents, il n'y avait pas ce genre de problème, parce que tous les élèves portaient un uniforme ou des blouses identiques. Cela évitait que les enfants comparent leurs habits entre eux et ils n'avaient pas de question à se poser. Aujourd'hui, à votre façon,

en voulant tous porter les mêmes habits, vous réinventez l'uniforme ! Imagine que vous soyez tous (toutes) obligé(e)s de porter des baskets ornés d'un point d'interrogation, tu serais le (la) premier(ère) à hurler ! Bon, cela dit, à ton âge, c'est normal d'avoir envie d'être habillé(e) comme les autres. C'est important, les vêtements, parce qu'ils te représentent aux yeux d'autrui. Pour convaincre tes parents de te laisser les choisir, montre-leur qu'on peut très bien, avec la même somme d'argent, acheter des habits qui te plaisent. Ce n'est pas une question d'argent, mais de style ? Tu es assez grand(e) aujourd'hui pour participer au choix de tes habits, si tu ne demandes pas des tenues extravagantes. Évidemment, si tu veux acheter une minijupe verte à pois rouges ou des gros godillots à rayures violettes pour aller à l'école, tu vas avoir du mal à imposer ton point de vue... Mais si tu ne les effraies pas, tes parents ne refuseront pas de t'offrir les habits de ton choix.

À toi de jouer !

☺ Économise pour t'offrir des fringues qui te plaisent ou demande-les pour Noël.

À toi de jouer ! (suite)

☺ Distingue-toi en ne portant pas forcément les dernières chaussures à la mode dans la cour de récré... Si tu es vraiment original(e), c'est toi que l'on va copier !

LA RÈGLE D'OR

Avoir du style, ce n'est pas une question de prix mais de choix.

La bande exige que je fasse des trucs que je n'ai pas envie de faire... !

Dans certaines bandes, il y a un chef
qui essaie d'imposer sa loi et ses caprices,
et qui demande aux autres des choses
qu'ils ne feraient pas d'eux-mêmes.
Il teste ainsi le pouvoir qu'il a sur toi.

Dans une bande d'amis, on se retrouve pour écouter la même musique, pour papoter, pour faire des tas de choses ensemble, et toi, tu aimerais bien en faire partie. Tu as raison, parce que c'est sympa d'avoir un groupe de copains et de copines avec lesquels on se sent bien... Mais parfois, pour t'accepter parmi eux, la bande

exige de toi certains actes. Si on te demande des choses que tu n'aimes pas faire, ne les fais pas, tout simplement. Cela veut probablement dire que c'est une bande aux règles injustes. Dans ce cas-là, ou tu es soumis(e) et on t'accepte comme ami(e), ou tu refuses et on te rejette. Tant pis...Trouve-toi des copains et des copines qui n'exigent rien de toi pour devenir tes ami(e)s. L'amitié, ce n'est pas un marché !

À toi de jouer !

☺ Refuse de te plier à des ordres que tu trouves idiots, injustes ou dangereux.

☺ Qu'est-ce qu'ils te demandent ? Si c'est de mettre un pull rose pour faire râler le prof de maths parce que vous allez tous arriver habillés de la même façon, ce n'est pas très grave. Si c'est d'aller fouiller dans les casiers des profs ou de frapper un élève, dis-leur que c'est sans toi !

☺ N'abandonne pas ta petite morale personnelle, ne va pas à l'encontre de ce que tu estimes être bien. Tu seras plus fier(ère) de toi...

Bonne idée !

LA RÈGLE D'OR
Ne cède pas, reste toi-même !

Être délégué(e), c'est bon pour les premiers(ères) de la classe...

Pas du tout ! Il ne faut surtout pas que ce soit uniquement les meilleurs qui parlent au nom de toute la classe, sinon cela ne sert à rien !

Si tout le monde avait pensé ce que tu penses aujourd'hui, la Révolution française n'aurait pas pu avoir lieu, tout simplement. C'est le principe de la démocratie que tout le monde puisse

donner son avis, les bons comme les moins bons, les riches comme les pauvres. Sinon, on est dans un pouvoir absolu, comme au temps du roi Louis XIV qui avait pour devise *l'État, c'est moi*. Tu imagines que le premier en maths dise : « La classe, c'est moi » ? Comment pourrait-il parler en votre nom à tous, comment pourrait-il savoir ce que tu vis, toi qui n'es pas premier(ère) justement ? Être délégué(e), c'est réservé à celui (celle) qui a envie de faire bouger les choses, qui sait écouter les autres, pas au crack en latin ou aux chouchous des profs. Tu te sens prêt(e) ? Alors fonce ! Tu comprendras mieux le fonctionnement de l'école. Et plus on comprend un système, plus on peut le changer quand il y a quelque chose qui déplaît.

À toi de jouer !

☺ Tu as peut-être peur de pas être élu(e) ? Allez, lance-toi, tant pis si tu ne gagnes pas cette première élection, tu la gagneras la prochaine fois !

☺ En te repliant derrière cette position, tu fais comme si cela ne servait à rien d'être délégué(e). C'est dommage de ne pas prendre un pouvoir quand on te le donne. Tu seras le (la) premier(ère) ensuite à râler parce que rien ne bouge !

À toi de jouer ! (suite)

☺ Le (la) délégué(e), c'est un peu le (la) traduc-teur(trice) de votre langage en langue des profs. Tu as peur que ces derniers se moquent de toi, ironisent sur tes résultats ? Cela peut arriver, mais c'est quand même assez rare. En général, quand ils voient un élève monter au créneau, ils sont assez bluffés par son courage.

À toi de jouer ! (suite)

☺ Tu n'oses pas prendre la parole et tu as peur de te faire charrier par les autres ? Réfléchis, c'est bien minime par rapport aux avantages que te donne le fait de pouvoir intervenir dans la vie de la classe.

☺ Tu as aussi le droit d'être premier(ère) de la classe et d'être délégué(e), mais les deux n'ont rien à voir...

SUIVEZ LE GUIDE →

LA RÈGLE D'OR
Ne te désintéresse jamais de ceux qui parlent en ton nom.

On m'a frappé(e),
je n'ose pas en parler...

Tu as honte et tu penses qu'en parlant
de ce que tu as subi tu auras encore plus honte.
Donc, tu préfères te taire
pour ne pas redoubler l'humiliation.
Ne garde pas cette violence pour toi,
c'est trop dur.

En te taisant, tu fais en sorte que ton agresseur
puisse continuer sans avoir de sanction, sans
avoir de comptes à rendre. D'où te vient cette

drôle d'idée que tu es coupable, que c'est normal que tu sois une victime ? Tu penses peut-être qu'il a raison et que c'est logique qu'il t'ait frappé(e). Pire, tu te demandes même si tu ne l'as pas cherché ! Alors là, on t'arrête tout de suite. Dans la vie, on est victime d'un tas de choses que l'on n'a pas forcément provoquées. Parfois, il peut arriver une situation où l'on se met en danger tout(e) seul(e) pour des raisons qu'on ne connaît pas soi-même. Parce qu'on se sent coupable de quelque chose, on fait tout pour en payer le prix.

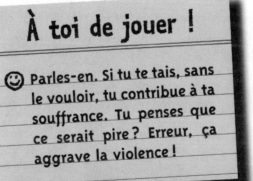

À toi de jouer !

☺ Parles-en. Si tu te tais, sans le vouloir, tu contribue à ta souffrance. Tu penses que ce serait pire ? Erreur, ça aggrave la violence !

LA RÈGLE D'OR
Se taire devant la terreur, c'est toujours le pire.

On m'a proposé du hasch...

**Et tu n'as pas fini ! Toute ta vie,
on te proposera de fumer, de boire...
Il faut que tu te fasses ton opinion
par toi-même et c'est un peu compliqué.**

Pourquoi ? Parce que tu entends les propos des adultes, et ces propos sont discutables. Quand ils boivent un petit coup de trop, ils n'en font pas un problème, et pourtant on sait tous que l'alcool est dangereux pour la santé. Mais l'alcool est autorisé par la loi, pas le hasch... Du coup, on n'y comprend plus rien... On va te dire clairement quels sont les effets du hasch et ensuite, comme on ne sera pas derrière toi à la

sortie de l'école, ce sera à toi de décider de ta conduite. D'abord, il faut que tu saches que le hasch persiste dans le sang pendant trois jours. Ses effets ne s'arrêtent pas quand tu as éteint le joint. Toutes les drogues, y compris l'alcool ou le tabac, provoquent une dépendance. Elle peut être physique, ou être dans la tête, comme c'est le cas pour le hasch. Tu risques de ne plus pouvoir aller à une fête ou de t'endormir sans avoir fumé, par exemple. Le hasch entraîne aussi un engourdissement qui peut t'amener à vivre sans aucune motivation. Pas terrible, quand on est censé apprendre ses cours... Mais surtout, on ne sait jamais comment on va réagir. Si tu as des soucis, la consommation de hasch peut te rendre encore plus triste et déprimé(e). Tu peux te croire libre en fumant contre la volonté de tes parents et des adultes, mais en réalité tu fais exactement le contraire, tu deviens prisonnier(ère) d'un produit.

À toi de jouer !

☺ Tords le cou aux idées fausses ! D'abord, ne crois pas que le hasch stimule l'imagination et que tu vas devenir un grand poète après avoir fumé. Quand les effets se dissipent, en général, on se rend compte que ce que l'on a écrit est très mauvais...

À toi de jouer ! (suite)

☺ Ne crois pas non plus que le hasch ne rend pas violent. Le mot « assassin » vient du mot « haschich » : on en donnait autrefois à certains guerriers en Orient, pour qu'ils soient plus agressifs pendant les batailles, c'est te dire...

☺ Tu te sens un peu bête de refuser devant les autres ? Au fond d'eux-mêmes, ils savent que c'est toi qui as raison...

À toi de jouer ! (suite)

☺ Si tu as accepté une fois, tu n'es pas un(e) drogué(e) pour autant, mais évite de recommencer.

☺ Ces grands qui t'ont proposé du hasch savent très bien qu'ils font un acte interdit. Ils profitent de ta curiosité pour gagner de l'argent. Ne te laisse pas impressionner.

SUIVEZ LE GUIDE →

LA RÈGLE D'OR
Fumer pour faire comme tout le monde, c'est bête.
Fumer parce qu'on aime ça, c'est très risqué...

Y' a un copain qui chahute, et tout le monde suit...

**Tu n'es pas obligé(e) de faire comme les autres...
Mais si tu le fais, assume-le jusqu'au bout !**

Ce copain est sûrement plus farfelu ou plus courageux que les autres. Il dit et fait ce que tout le monde a envie, mais que personne n'ose faire. Il s'agit sûrement d'un copain qui aime bien se mettre en avant et attirer sur lui l'admiration de

tout le monde. Mais il se met aussi dans une drôle de situation. Pour avoir un instant de gloire, il risque de se faire expulser du cours ou de récolter un o... Peut-être est-il mauvais en classe et, au point où il en est, il préfère qu'on le mette à la porte? Une situation qui lui évite d'être confronté à son échec. Dans ce cas-là, vous ne lui rendez pas service, car, en l'admirant, vous le poussez à faire le pitre et à devenir de plus en plus mauvais...

Y' a un copain qui chahute, et tout le monde suit...

À toi de jouer !

☺ Quand un chahuteur se fait coller, ne le lâche pas ! Ne le laisse pas tout seul assumer sa punition, si toute la classe a bien rigolé.

À toi de jouer ! (suite)

☺ Tu ne le trouves pas très drôle ? Ne te force pas à chahuter avec tout le monde. Le rire, c'est contagieux : si vous êtes de moins en moins nombreux à le suivre, ça s'arrêtera tout seul, comme la rumeur.

Bonne idée !

LA RÈGLE D'OR
Être solidaire, c'est savoir se serrer les coudes, ce n'est pas suivre aveuglément.

Ce livre t'a plu ?

Offre-le à tes copains pour leur anniversaire, laisse-le traîner sur ton bureau pour que tes profs aient l'occasion d'y jeter un œil. Fais-le lire à tes parents. Si tu as d'autres questions qui te titillent, écris-nous pour nous les soumettre. Nous y répondrons ! Tu trouveras dans la même collection, *Comment survivre en famille*.

Albin Michel Jeunesse, Comment survivre à l'école, 22, rue Huyghens, 75014 Paris.

Notes

Notes

Notes

Cet ouvrage a été composé par
I.G.S.-Charente Photogravure à L'Isle-d'Espagnac (16)
Imprimé en France par Normandie Roto S.A.S. à Lonrai
N° d'imprimeur : 031682 - Dépôt légal : juillet 2003
N° d'édition : 12971/3